Brot, das die Hoffnung nährt

Josef Scharl/Josef Wiedersatz (Hrsg.)

Brot, das die Hoffnung nährt

Kommunionfeiern mit Kranken

Schwabenverlag

www.schwabenverlag.de

Umschlaggestaltung: Finken & Bumiller, Stuttgart
Satz: Schwabenverlag Media der Schwabenverlag AG
Herstellung: Freiburger Graphische Betriebe, Freiburg i. Br.
Printed in Germany

ISBN-10: 3-7966-1252-0
ISBN-13: 978-3-7966-1252-7

Inhalt

Biografische Anlässe

Anhang

Vorwort

»Jemandem die Kommunion bringen«, so sagen wir oft in unserer Kirchensprache und bedenken dabei nicht die vielen verschiedenen Aspekte, die so ein Ereignis in sich birgt.
Das fängt an mit dem Betreten des Zimmers, sei es zu Hause bei dem Kranken oder in einem Krankenhaus beziehungsweise Altenheim. Damit betreten wir eine andere Welt. Das, was draußen ist, soll auch draußen bleiben. Wir stehen der kleinen Welt eines kranken Menschen gegenüber. Diese gilt es wahrzunehmen und zu würdigen. Es ist gut, wenn man sich dafür einige Augenblicke Zeit nimmt und davon das Eine oder Andere in die Feier mit einbezieht. Das können Fotos auf dem Nachttisch, Blumengrüße oder Geschenke, aber auch Medikamente und medizinische Geräte sein.
Diese Dinge können Aufhänger sein, um mit dem Kranken oder mit Angehörigen ins Gespräch zu kommen. Der persönliche Kontakt am Anfang ist wichtig, wenn die Kommunionfeier nicht als reiner Ritus »abgefeiert« werden soll. Auch soll dem Kranken Zeit gegeben werden zum Erzählen. Oft hat er dazu wenig Gelegenheit und niemanden, der ihm zuhört. Diese Zuwendung kann sich auch in körperlichen Gesten ausdrücken: die Hand geben oder halten, sich einen Stuhl nehmen und dem Kranken auf Augenhöhe begegnen, ihn an der Schulter anfassen oder ihm übers Haar streicheln, je nachdem, was man sich selbst zutraut und was die Situation zulässt.
Ein nächster Schritt wäre, das Krankenzimmer zum liturgischen Raum werden zu lassen. Das kann mit ganz bescheidenen Mitteln geschehen, z. B. indem man den Nachttisch leer räumt und Platz schafft für Kerze, Kreuz, Blumen und Hostiengefäß. Im Krankenhaus ist es sinnvoll, das Personal über die Feier zu informieren und eventuell ein Schild an der Tür anzubringen: Bitte nicht stören! Krankenhausseelsorge.
So wie die Feier zu Beginn mit einer persönlichen Kontaktaufnahme begonnen hat, sollte sie nach dem liturgischen Teil auch ausklingen können. Hier kann noch einmal das gegenseitige Geben und Nehmen, das

Schenken und Beschenktwerden zur Sprache kommen. Unerwarteterweise geht oft der Besucher als der Beschenkte. Vielleicht kann das der Kommunionspender in einer Form des Dankes zum Ausdruck bringen.
Damit die Feier noch nachklingen kann, empfiehlt es sich, zur Erinnerung eine kleine Aufmerksamkeit zu überreichen, z. B. eine Karte mit einem schönen Bild oder Bibelspruch, den Pfarrbrief oder die Kirchenzeitung.
Mit diesem Buch möchten wir Anregungen geben für eine abwechslungsreiche Gestaltung von Kommunionfeiern. Es orientiert sich am Ablauf des Kirchenjahres und enthält überdies einige Modelle, die spezielle biografische Situationen von Kranken in den Blick nehmen.
Der Ablauf, den wir in diesem Buch vorschlagen, kann der jeweiligen Situation angepasst und entsprechend verändert werden. In unserer langjährigen Praxis haben wir die Erfahrung gemacht, dass so eine Feier, aufgrund der oft eingeschränkten Aufnahmefähigkeit des Kranken, möglichst kurz zu halten ist. Dem haben wir versucht, Rechnung zu tragen. Das Buch richtet sich an haupt- und ehrenamtlich Mitarbeitende in den Kirchengemeinden, die als Kommunionhelfer/innen Hausbesuche machen, ebenso wie an alle, die diesen Dienst in den Krankenhäusern oder Altenheimen tun.
Die von verschiedenen Autorinnen und Autoren erarbeiteten Modelle wollen nur den Rahmen bilden für die Begegnung, die da heißt: »Heute ist diesem Haus das Heil geschenkt worden« (Lk 19,9). Jede/r Kommunionspender/in ist mit der eigenen Lebens- und Glaubensgeschichte als je eigene Person wichtig und gibt Zeugnis von ihrem Glauben und ihrer Hoffnung. Nur so kann sich echte Begegnung im Glauben ereignen, ganz nach dem Jesuswort: »Wo zwei oder drei in meinem Namen versammelt sind, da bin ich mitten unter ihnen« (Mt 18,20).
Ein besonderes Anliegen ist es uns, allen Danke zu sagen, die an der Entstehung dieses Buches mitgewirkt haben, allen Kolleginnen und Kollegen im pastoralen Dienst, die einen oder mehrere Beiträge geschrieben haben und dadurch Anteil an ihrem Glauben und ihrer Hoffnung geben. Dafür vielen herzlichen Dank. Besonders hervorheben möchten wir den Verfasser der Einführung, Dr. Dr. Michael Gmelch, der zur Zeit als Pfar-

rer in der deutschsprachigen Gemeinde in Delhi/Indien tätig ist und trotzdem bereit war, uns mit seinem hervorragenden Beitrag zu unterstützen.

JOSEF SCHARL
JOSEF WIEDERSATZ

Kunst der Begegnung und lebendigen Gegenwart
Eine pastoraltheologische Einführung in die Feier der Krankenkommunion

Menschen, die krank sind, brauchen die, die gesund sind. Sie wollen besucht werden und möchten erzählen, wie es ihnen geht, was sie erleben und erleiden. Sie suchen ein Ohr, ein Herz, eine Hand. Anteilnahme, Gegenwart und Mitempfinden sind gefragt. Alles andere kann draußen bleiben. Es regt nur auf, enttäuscht, macht wütend oder traurig.
Seitdem es Menschen gibt, besuchen die Gesunden die Kranken. Seit den Anfängen der Kirche weiß man auch um die *spirituelle* Bedeutung des Krankenbesuchs: »Ihr habt *mich* besucht.« Später entdeckt man auch den Trost der Krankenkommunion. Während man in der Frühen Kirche beim Herrenmahl das eucharistische Brot zunächst vollkommen konsumierte, begann man zu begreifen, dass man die Gegenwart Jesu auch mit denen teilen müsse, die krankheitshalber nicht teilnehmen konnten. Was man im Gottesdienst sagt und tut, setzt sich fort in den Räumen kranker und leidender Menschen. Es ist zunächst etwas ganz Einfaches und Mitmenschliches, was hier seit Jahrhunderten praktiziert wird. Darüber ist auf der wissenschaftlichen Ebene viel nachgedacht und in der seelsorglichen Praxis erprobt worden. Was wissen wir heute nicht alles über den theologischen Gehalt der Kommunion. Und welch hohe Standards im Blick auf die seelsorgliche Begegnung mit Kranken haben wir mit Hilfe der klinischen Seelsorgebewegung inzwischen erreicht! Worin besteht dennoch aktueller Lernbedarf? Was ist auf der Strecke geblieben? Oder haben wir vielleicht etwas aus dem Blick verloren und womöglich im eigenen Lebensvollzug noch längst nicht eingeholt, was uns theoretisch eigentlich klar ist?

Vergewisserung des situativen Kontextes Liturgen fühlen sich sicher auf dem traditionellen gottesdienstlichen Terrain: Das ist in der Regel der Kirchenraum. Dort sind sie wie Fußballspieler mit Heimvorteil im eigenen Stadion. Hier gehört das gewohnte Arrangement der liturgischen

Szenerie einfach mit dazu und bewirkt vieles: der Altar, die Bilder, der Weihrauch, die Gewänder, die Orgel und vor allem die anderen Frauen, Männer, Jugendlichen und Kinder. Sie ermöglichen durch ihre Präsenz, ihr Mitbeten und Singen im Grunde erst, dass auch vom Gefühl her erreicht wird, was man feiert: Gemeinschaft mit Gott und untereinander. Quelle und Höhepunkt des kirchlichen Selbstvollzugs.

Anders verhält es sich im Krankenzimmer, ganz gleich, ob dies nun in der Klinik oder zuhause ist. Der Urinbeutel, das Flügelhemd, das Gebiss auf dem Nachtkästchen, Reste vom noch nicht wieder abgetragenen Frühstück, der piepsende Perfusor, der Nachbar, dessen Fernseher läuft, die Schwester oder der Pfleger, die mit einem »So Frau X, jetzt holen wir Sie zum Duschen« unverhofft die Türe aufreißen und nicht unbedingt erfreut sind, wenn man sie bittet, zunächst in ein anderes Zimmer zu gehen; oder wenn – die Hostie in der erhobenen Hand – mitten im »O Herr, ich bin nicht würdig« die Visite kommt.

Spätestens in einer solchen Situation wird klar: In diesem Ambiente, erst recht in einem hochkomplexen modernen Krankenhaus, fühlen sich die Kirchenleute – es sei denn, sie sind Klinikseelsorger/innen – zunächst unsicher und befremdet. Leider ist es oft so, dass sie dann ihre Unsicherheit durch ein besonders starkes rituelles Handeln (im Sinne von: der richtig vollzogene Ritus wirkt aus sich heraus) überspielen und froh sind, wenn sie das Feld bald wieder räumen können. So gesehen ist es nicht nur hilfreich im Sinne einer persönlichen Disposition, sondern notwendig im Blick auf den Patienten, wenn man sich als Kommunionspender oder -spenderin vorab klar macht: Wo gehe ich jetzt eigentlich hin? Ins Altersheim? In die Spezialklinik? Ins Pflegeheim? Oder in die Privatwohnung? Wie ist es da? Was mögen Menschen dort erleben? Wie mögen sie sich fühlen? Und: Wie geht es mir selbst im Blick auf diese Institution oder auf diesen Ort? Welche Gefühle, Befürchtungen und Unsicherheiten nehme ich wahr? Woran liegt das? Gleichzeitig: Welche Absprachen sind zu treffen und was ist zu organisieren, damit Störungen weitgehend vermieden werden können? Und: Wie kann das Ambiente, das ja da ist und wirkt, in das liturgische Handeln integriert werden? Mit Ambiente meine ich: die Tabletten, die Infusion, das Bild

vom Enkelkind an die Wand geklebt, die Patientengeschichte am Fußende, die abgegriffene Brieftasche mit ein paar Photos, die schon etwas verwelkten Blumen auf dem Tisch, der Zimmernachbar, der nicht extra rausgehen will, das Maskottchen, das am Bettgalgen baumelt. Das alles hat seine Bedeutung und muss zunächst mit Interesse erfragt und erzählt werden können.
Vor allen fertigen Kommunionfeier-Modellen gilt es zunächst eine einfache Grundregel zu beachten: Was bereits da ist, hat ein größeres Recht als das, was du mitbringst. Das ist die »materia prima«, die Grundlage, der Hintergrund für alles, was sonst noch »ein-gebracht« wird. Man muss bereit sein, es wahrzunehmen, zu verstehen, zu würdigen und während der Feier ins Wort zu bringen, ins Gebet zu nehmen oder in eine symbolische Handlung zu integrieren. Geschieht das nicht, ist alles andere nur »aufgesetzt«, so richtig es liturgisch formuliert oder so pfiffig es religionspädagogisch auch immer gestaltet sein mag. Wenn man sich wirklich auf das Ambiente des Kranken einlassen kann, wirkt es oft wie ein Spiegel, der hilft, neu und auf eine viel persönlichere Weise auszuleuchten, was man sagen, bedenken und feiern wollte. So erst entsteht die Basis für Kommunion: Gemeinschaft miteinander und auch mit Gott. Billiger kommt man hier nicht davon, wenn man mehr will, als von anderen ausgedachte Auswahltexte abzulesen.

Kommunion »austeilen«? Es ist schon lange her. Dass es mir in diesem Zusammenhang plötzlich wieder einfällt, zeigt mir, wie unpassend und fragwürdig ich die Situation empfand und wie kontraproduktiv sie erst recht am Bett eines kranken Menschen sein kann. Wir saßen im Zeitungszimmer des Priesterseminars. Telefonanruf vom Dommesner: Sie bräuchten dringend zwei, drei Leute zusätzlich zum »Austeilen«. Zwei, drei »Austeiler« machten sich auf den Weg und waren relativ schnell wieder zurück. Austeilen: was? Prospekte oder Liedzettel? Gutscheine fürs Missionsessen oder die Gottesdienstordnung? Nein. Die Kommunion! Ziborium aus dem Tabernakel und die Hostien auf ausgestreckte Hände oder in offene Münder. Rein mechanisch, kurz und schmerzlos. Ohne innere Beteiligung an der Feier dieser Gemeinde in dieser Stunde.

Kommunion »austeilen«, wie die Schwester die Tabletten austeilt oder der Pfleger das Essen? Hier würde sich pervertieren, was schon rein sprachlich an Täuschung grenzt: Kommunion heißt ja Gemeinschaft. Gemeinschaft aber kann man nicht austeilen. Wohl aber kann man sie praktizieren, feiern und anderen daran Anteil geben. In einer chronisch zeitarmen Institution wie das moderne Krankenhaus, wo Kranke wie Gesunde darunter leiden, dass das kommunikative Element in Form von Anteilgeben und Anteilnehmen auf höchst formalisierte Weise geschehen muss, ist »Kommunion« schon auf rein menschlicher Ebene etwas Wertvolles. Wie aber geschieht die sakramentale, also die Gott geschenkte und mit menschlichen Mitteln entsprechend gefeierte Anteilgabe an der Gemeinschaft in Christus und mit den anderen? Dass dies etwas anderes ist als das Entgegennehmen und Essen einer Hostie aus der goldenen Dose, ist hier selbstredend. Die Gefährdung ist hoch, dass die Kommunion zum Austeilen verkommt, wenn die Patientenanzahl groß und die Zeit knapp ist. Deshalb ist es wichtig, sich selbst nicht zu überfordern, um anderen noch gerecht werden zu können. Aus diesem Grund ist es ein Gebot der Stunde, Frauen und Männer auszubilden und zu begleiten, die wissen, wie man feiert und Gemeinschaft stiftet, und es im liturgischen Kontext einer Krankenkommunion kultivieren können. Kranke Menschen sind sensibel dafür, ob etwas echt oder nur gut »gemacht« ist. Ausgeteilt bekommen sie von früh bis spät vieles: Befunde, Formulare, Arzneimittel, das Essen und nicht zuletzt gute Ratschläge. Davon haben sie wahrlich genug! Wer etwas ausgeteilt bekommt, ist darüber hinaus stets in der unterlegenen Position. Sie führt oft zu einer inaktiven, wenn nicht sogar infantilen Empfängermentalität. Die ist im Krankenhaus sowieso kontraproduktiv für den Behandlungsprozess. Die Hilflosigkeit des Patienten und die Hierarchie der Dienste verstärken oft noch dieses Muster. Jedoch am Sonntag unter diesen Vorzeichen auch noch den Leib des Herrn ausgeteilt zu bekommen, dazu besteht weiß Gott kein Anlass!

Den Herrn Jesus »bringen«? Anknüpfend an die erwähnte kontraproduktive Geber-Empfänger-Mentalität möchte ich aus einer theologischspirituellen Absicht bedenken, was salopp formuliert so heißt: *Bringen wir* den Kranken wirklich den Herrn Jesus, wenn wir mit der Kommunionburse unterwegs sind? Natürlich kann man auf die Sakramententheologie verweisen und sagen: Ja ist denn Christus in Gestalt der konsekrierten Hostie etwa nicht real präsent? Also sind wir auch die »Bringenden« und Gebenden. So richtig dies formaltheologisch auch sein mag, so wenig hilfreich ist es, wenn wir den spirituellen Gehalt des kommunikativen Handelns ausloten wollen, das sich mit der Feier der Kommunion im Namen Jesu verknüpft. Wo liegt hier der springende Punkt?

Die nachösterlichen Evangeliengeschichten erzählen davon, dass der *Auferstandene* schon *längst dort* ist, wo Menschen mit ihrer Not unterwegs sind. Er steht am Grab und wartet auf die Frauen, die ihn salben wollen (Lk 24,1ff). Er ist mit den Emmausjüngern unterwegs, lange bevor sie ihn erkennen (Lk 24,13ff). Er ist längst im Garten, als Maria von Magdala ihn unter Tränen sucht (Joh 20,11ff). Er steht bereits am Ufer und hat ein Morgenmahl zubereitet, bevor die Jünger nach einer erfolglosen Fischfangnacht ans Ufer kommen. Prägnant bringt Markus diese Erfahrung auf den Punkt, wenn er den Engel am offenen Grab sagen lässt: »Nun aber geht … Er geht euch voraus nach Galiläa; dort werdet ihr ihn sehen« (Mk 16,7).
Der Auferstandene ist stets der, der bereits *voraus* ist. Er ist der *Vor-Läufige*, der in den individuellen »galiläischen Alltagssituationen« (nichts anderes meint hier im Grunde diese Ortsbeschreibung) längst inkognito anwesend ist. Diese österliche Präsenz in der Vorläufigkeit menschlichen Handelns verändert nicht nur den Fluchtpunkt in der Perspektive der Kommunionfeier am Krankenbett. Sie verändert in kritischer Weise auch die Selbstwahrnehmung des/der Kommunion-Feiernden im Blick auf das eigene Tun. Wenn der *Auferstandene* also längst *vorausgegangen* ist, noch bevor der/die Kommunionspender/in die Türklinke in die Hand nimmt, wenn er in letzter inkarnatorischer Identifikation sogar sagt: »Ich war krank und ihr habt mich besucht«, was bedeutet dies dann in unserem Zusammenhang? Es bedeutet zumindest,

dass niemand etwas in das Krankenzimmer *hineinbringen* kann, was nicht vorher schon da war! Wir haben nicht Jesus in der Weise in der Tasche und bringen ihn dem oder der Kranken, wie ein Arzt eine Beruhigungsspritze bringt. So materiell, so simpel, so mechanisch kann es wahrhaftig nicht sein! Wohl aber denken manche so, und wenn sie nicht so denken, dann fühlen und handeln sie zumindest so. Worum es hier geht, ist subtil und hat etwas Paradoxes an sich. Wir bringen in sichtbarer Gestalt jemand, den man gar nicht »bringen« oder »spenden« kann, weil er zum einen längst da ist und sich zum andern dem sichtbaren Zugriff entzieht. Es handelt sich um das gleiche Paradox, an das jene altkirchliche Tradition erinnert, die von Christus zugleich als dem göttlichen Arzt und der Arznei spricht: Der Christus Medicus ist zugleich das Remedium. Er ist der eucharistische Gastgeber und zugleich die Gabe selbst. Er ist zugleich der Kranke und Leidende selbst, zu dem er als Hilfe und Trost gebracht wird.

Was ändert diese Perspektive? Sie macht bildlich gesprochen aus der theologischen oder pastoralen Einbahnstraße (der Gesunde spendet dem Kranken die Kommunion) eine Wechselbeziehung auf Augenhöhe und in gleicher Würde. Es stellt das einseitige Beziehungsgeschehen auf den Kopf und tauscht unversehens die Rollen: Der Christus im Kranken hat dem Gesunden etwas zu sagen. Der Gesunde mit der Hostie in der Hand hat plötzlich etwas zu lernen von der Realpräsenz Christi im kranken Gegenüber. Was er gibt, kann er – nicht im Blick auf den Kranken, sondern im Blick auf sich selbst – sinnvollerweise nur geben, wenn er bereit ist, das sichtbar Gegebene in unsichtbarer Form auch wieder zu empfangen. Genau hier liegt der neuralgische Punkt, den der große Reformer des mittelalterlichen Krankenwesens, Kamillus von Lellis, so beschrieben hat: »Die Realpräsenz Christi im Kranken macht das Bett zum Altar und den Krankensaal zur Kirche. Wir verlassen Christus nicht, wenn wir die Messe beendet haben, wir treffen ihn im Krankenkittel wieder.«
Eine derartige Sichtweise verändert die Art der Kommunikation, das Spender-Empfänger-Modell und letztlich auch die Art der Kommunion-

feier. Da geht es dann nur noch sekundär um Formen und Formeln, Texte und Modelle. Die sind eher wie ein Rahmen, mit dessen Hilfe wir leichter erfassen können, was hier und jetzt geschieht: dass der Auferstandene gegenwärtig ist, weil sich zwei oder drei in seinem Namen und im Zeichen des Brotes versammeln.

Verbindung von Kommunion und Eucharistiefeier Mich treibt im Blick auf die Krankenkommunion die Sorge um, wir könnten schon bald wieder vergessen und dort landen, wo wir vor dem Konzil waren: nämlich bei einer isolierten Kommunionfrömmigkeit. Ich habe in meiner Kindheit noch am Rande erlebt, wie die Heilige Messe zur Messandacht verkümmert war und im Wesentlichen dazu diente, den Tabernakel mit Hostien zu füllen. Die Kommunion wurde häufig unabhängig von der Heiligen Messe ausgeteilt: Es ging darum, dass jeder »seinen« Heiland bekam. Die Liturgiereform hat versucht, diese eng geführte Kommunionfrömmigkeit auf eine eucharistische Spiritualität hin zu weiten: Als Gemeinde des Volkes Gottes sind wir mit Jesus Christus unterwegs vom Tod zum Leben, von der Knechtschaft in die Freiheit, vom Unheil-Sein zum Heil. Der Kommunionempfang gehört in diesen dynamischen Prozess der Eucharistie einer Gemeinschaft, in der ja auch die Kranken ihren Platz haben, und sollte nicht davon getrennt werden. Die mittelalterlichen Krankenhäuser, die man in Frankreich »Hôtel-Dieu« (das Gasthaus des lieben Gottes) nannte, machten – wie z. B. in Beaune – diesen Zusammenhang architektonisch deutlich: Da ist in der Mitte die Kuppel mit dem Altar darunter; links und rechts befinden sich im offenen Raum mit direktem Blickkontakt die Säle mit den Krankenbetten. Anschaulicher und erlebbarer kann man den inneren Bezug von Krankenkommunion und Eucharistie nicht mehr machen.

Ob wir die mühsam erkämpfte Erneuerung der Eucharistie auf Dauer durchhalten können, wenn die Kommunionfeiern am Krankenbett relativ selten Bezug nehmen auf die mit der Klinikgemeinde, Altenheimgemeinde oder lokalen Pfarrgemeinde gefeierte Eucharistie, wo dieses Brot gebrochen, geteilt und dann für jene aufbewahrt wurde, die eben aus Krankheitsgründen nicht daran teilnehmen konnten? Normalerweise sollten daher wenigsten ansatzweise Bilder, Texte, Lieder, Gedanken, die den vergangenen Gottesdienst prägten, am Bett des Kranken wieder vorkommen. Erst dann wird deutlich, dass der Patient/die Patientin nicht isoliert für sich ist, sondern zu einer Gemeinde gehört, die für die Kranken betet und mit ihnen das eucharistische Brot teilt. Nur so kann letztlich auch eine »liturgische« Solidarität der Gesunden mit den Kranken ausgedrückt werden. Es ist daher sinnvoll und der Sache angemessen, dass Gemeinden ihre Kommunionhelfer/innen noch vor Beendigung des Gottesdienstes offiziell zu den Kranken aussenden.

Ritual versus Individualisierung und aufmerksame Präsenz Die so genannten Fallpauschalen (DRGs) wurden eingeführt mit dem Ziel, die Verweildauer in den Krankenhäusern zu verkürzen und dadurch Kosten einzusparen. Dies bedeutet u. a. allerdings auch, dass die meisten Patienten nur so lange in der Klinik bleiben, wie sie schwer krank sind. Wenn es ihnen wieder besser geht, sind sie längst woanders: in der Reha, in einem Übergangspflegeheim, möglicherweise auch zu Hause. Dies verändert nicht nur die Arbeitsbedingungen, sondern auch die Möglichkeiten der Seelsorge. Wem es akut schlecht geht, ist reduziert in seinen Fähigkeiten, Informationen zu verarbeiten und sich auf Neues einzustellen. Dies begrenzt in vielen Fällen auch die Reichweite von Modellen für die Krankenkommunion. Was erst lang und breit erklärt werden muss, hat wenig Chancen! In der Krise greift man auf altbekannte, dominante Muster zurück. In der Regel sind dies einfache Zeichen, Gebete und Rituale, die man auswendig kann und die einem seit langem vertraut sind.

Bevor der Seelsorger daher mit seinem eigenen Repertoire ankommt, ist es nicht nur eine Sache der Höflichkeit, zunächst zu fragen, was dem oder der Kranken im Blick auf diese Feier besonders wichtig ist und welche Elemente hilfreich sind. Dies bedeutet nicht, dass nun einfach irgendetwas erfunden werden soll, das mit dem Wiedererkennungseffekt des vorgesehenen Rituals der Krankenkommunion nichts mehr zu tun hat. Gleichzeitig gilt aber auch hier die »Sabbatregel«: Nicht der Mensch ist für das Ritual da, sondern umgekehrt.

Als Klinikseelsorger habe ich manchmal erfahren, dass die Krankenkommunion, die ich mit dem einen oder anderen Patienten gefeiert habe, ganz unverhofft die letzte seines Lebens war. Da hat jemand eine schwere Operation nicht überlebt, andere sind plötzlich gestorben. Solche Tode sind mir »nachgegangen«. Jedes Mal habe ich mich dann versucht zu erinnern: Wie war das mit diesem Menschen? War die Begegnung echt und stimmig? Konnte ich mich aufmerksam auf ihn einstellen? Welche Zuversicht konnte er aus dieser Feier gewinnen und in die nächsten Stunden und Tage hinüber retten? Mit nichts geringerem als diesem Hoffnungsgefühl im Herzen wird dieser Mensch auch den letzten Schritt aus diesem Leben heraus getan haben. Die Perspektive der potenziellen Endgültigkeit und Unwiederholbarkeit der Krankenkommunion gibt dem ganzen Geschehen ein zusätzliches Gewicht. Von daher verbietet es sich auch, aus Zeit- oder Bequemlichkeitsgründen die Leute über einen Kamm zu scheren und der Einfachheit halber mit dem ausgesuchten Modell nach Art eines Hausierers von Zimmer zu Zimmer zu gehen.

Es lohnt sich, in diesem Zusammenhang den Hausbesuch Jesu bei Zachäus (Lk 19,1–10) nachzulesen und dabei den Fokus auf die Variablen des Handelns Jesu zu legen: Jesus nimmt einen Menschen ganz *individuell* in den Blick (er schaute zu ihm hinauf). Er geht eine *bedeutungsvolle Beziehung* zu ihm ein, indem er ihn *beim Namen nennt*. Er weiß: Wenn etwas geschehen soll, dann *jetzt* oder gar nicht (im unwiederholbaren *Heute* will ich dein Gast sein) und er lässt sich *persönlich* auf ihn ein, indem er sich zu Tisch laden lässt. Diese beziehungsrelevanten Qualitätsmerkmale des Geschehens verändern etwas im Innern des Gastgebers. Keine Predigt. Keine moralische Belehrung. Kein gemeinsames Frommsein. Nichts von alledem, was wir Seelsorger/innen so gut können, bewirkt die alles entscheidende Erfahrung, dass »der Menschensohn gekommen ist, um zu suchen und zu retten, was verloren ist.« Es ist die individuelle, persönlich gemeinte, im Hier und Jetzt geschehende Zuwendung, die jemand gibt und die sich ein anderer gefallen lässt. Das wird schließlich in der theologischen Aussage auf den Punkt gebracht: »Heute ist diesem Haus das Heil geschenkt worden.« Geschenke bleiben

Geschenke. Wir haben keinen Anspruch darauf und wir können sie uns auch nicht – durch welche theologischen oder liturgischen Anstrengungen auch immer – erwirken. Was wir jedoch können müssen, ist die Kunst der Begegnung und der lebendigen Gegenwart. Und wir benötigen die Fähigkeit, mit unseren Zeichen, Worten und Gesten jenen Raum zu eröffnen, den ein kranker Mensch braucht, um in der Kommunion Heil erfahren zu können.

MICHAEL GMELCH

Im Advent und in der Weihnachtszeit

Die Wüste erblüht

Im Advent

. . . .

Liturgische Eröffnung

Gott, du bist da und wir sind vor dir, mit allem, was wir sind und was uns schwer fällt.
In deinem Namen sind wir da: im Namen des Vaters …

Einführung

Es ist gut, dass wir hier zusammen sind, um miteinander zu beten, zu singen, auf Gottes Wort zu hören und uns in der heiligen Kommunion von Gott stärken zu lassen.
Die Erfahrung des Krankseins ist häufig verbunden mit der Erfahrung der inneren Wüste. Oft sagen Patienten: Es ist leer in mir; ich habe eine Durststrecke; das Leben ist so öde geworden; ich bin ganz ausgetrocknet.
So heißt ein Vers in Psalm 85: »Gott, unser Retter, richte uns wieder auf, lass von deinem Unmut gegen uns ab!«
Diesen Gott rufen wir um sein Erbarmen an:

Kyrie-Ruf

Herr Jesus Christus, du richtest die Gebeugten wieder auf.
Herr, erbarme dich.

Du füllst uns mit neuem Leben, wenn wir uns ganz leer fühlen.
Christus, erbarme dich.

Du stärkst uns mit deinem Wort und deinem Sakrament.
Herr, erbarme dich.

Vergebungsbitte

Der Herr, der die Schwachen wieder aufrichtet, vergebe uns unsere Schuld und führe uns zu neuem und erfülltem Leben.

Gebet

Herr,
du bist der Kommende und wir warten auf dich in der Wüste unseres Lebens. Du bist uns nahe in der Leere des Alltags, in der Trockenheit des Wartens, in der Öde des Krankseins.
Komm mit deinem Licht und erleuchte mit dem Geschenk deiner Menschwerdung unser Herz.

Schrifttext

LESUNG AUS DEM BUCH JESAJA (JES 35,1–6a.10)

Die Wüste und das trockene Land sollen sich freuen, die Steppe soll jubeln und blühen. Sie soll prächtig blühen wie eine Lilie, jubeln soll sie, jubeln und jauchzen. Die Herrlichkeit des Libanon wird ihr geschenkt, die Pracht des Karmel und der Ebene Scharon. Man wird die Herrlichkeit des Herrn sehen, die Pracht unseres Gottes.
Macht die erschlafften Hände wieder stark und die wankenden Knie wieder fest! Sagt den Verzagten: Habt Mut, fürchtet euch nicht! Seht, hier ist euer Gott! Die Rache Gottes wird kommen und seine Vergeltung; er selbst wird kommen und euch erretten.
Dann werden die Augen der Blinden geöffnet, auch die Ohren der Tauben sind wieder offen. Dann springt der Lahme wie ein Hirsch, die Zunge des Stummen jauchzt auf.
Die vom Herrn Befreiten kehren zurück und kommen voll Jubel nach Zion. Ewige Freude ruht auf ihren Häuptern. Wonne und Freude stellen sich ein, Kummer und Seufzen entfliehen.

Deutung

Vielleicht kennen Sie die Fernsehmoderatorin, die ihre Nachrichtensendung häufig mit dem Satz beschließt: Alles wird gut! Woher nimmt die Moderatorin diese Gewissheit? Wirkt es nicht ironisch oder gar naiv angesichts so vieler entmutigender Nachrichten aus aller Welt? Oder hat sich diese Frau einen unerschütterlichen Optimismus und den Glauben an das Bessere im Menschen bewahrt? Denn eigentlich ist ja eben nicht »alles gut«. Das wissen wir aus den Medien zur Genüge: Das wusste auch der Prophet Jesaja. Das ist die Erfahrung vieler von Ihnen als Patienten: Mir geht es gar nicht gut. Sie finden sich wieder in der Situation des Krankseins, in der Bedrohung, im Gefängnis der Sorgen und Zweifel, im Schmerz. »Bist du der Gott, der tröstet und befreit?«, fragt eine Liedzeile. Manche sagen: Ich habe doch geglaubt und gebetet, bin gut gewesen und habe nichts verbrochen. Und dann finden sie sich wieder in der Wüste der Verlorenheit, der Verlassenheit und der Gottabwesenheit. Da kann es schwer werden mit dem Glauben daran, dass alles gut wird und dass dieses Wort der Verheißung Jesajas für mich gilt. Da stehe ich wieder am Anfang mit der Frage: Bist du, Gott, noch für mich da, kannst du mir helfen? Die Antwort des Propheten Jesaja an die Menschen in ihrer Wüste ist: Ja, Gott kommt und rettet.

In der kraftvollen Sprache des Jesaja sind alle Bilder der Hoffung gebannt: Allen Menschen wird zuteil Gottes Heil. Für diese Zusage, für diese Verheißung muss ich mich im Leben wieder entscheiden. Neben Jesaja gibt es Zeugen, die sich von der Zusage Gottes haben ermutigen lassen.

Ein alter Mann liegt im Krankenhaus und nun, in dieser schwierigen Zeit, erinnert er sich an eine wichtige Lebenserfahrung. In der Kriegsgefangenschaft ging es ihm schon einmal so schlecht, er war am Ende, befand sich in der Wüste. Er sagt: »Wir standen morgens auf dem Appellplatz und ich dachte, es geht nicht mehr weiter, da sah ich auf dem Boden wenige Meter vor mir eine kleine Blume blühen. Da wusste ich: Ich gehe nicht verloren.«

Diese Geschichte kann man nicht losgelöst von der Lebensgeschichte dieses alten Mannes erzählen. Sie gehört nur zu ihm, sonst mag sie manchem vielleicht rührselig erscheinen. Aber es ist seine Geschichte, dass für ihn die Wüste erblüht ist.

Einladung zur Kommunion

Herr, du bist der Kommende und du kommst auf uns zu.
In der Wüste, in Betlehem, an dem Ort, wo wir leben.
Im Brot, das du selbst bist, kommst du uns nahe und begleitest uns.
Schenke uns dein Licht und dein Heil.

Kommunionspendung

Vaterunser

Beten wir das Gebet, das uns Jesus gelehrt hat.
Vater unser im Himmel …

Segensbitte

Der Herr segne und behüte dich, der Herr lasse sein Angesicht leuchten über dir und sei dir gnädig. Der Herr hebe sein Angesicht auf dich und schenke dir Frieden.

Liedvorschlag

GL 106 »Kündet allen in der Not«

FRANK SCHÜSSLEDER

Komm, o mein Heiland Jesu Christ
Im Advent

. . . .

Liturgische Eröffnung

Im Namen des Vaters …

Jesus Christus, in dem wir Heil und Rettung finden, sei mit euch.

Einführung

Zum Advent gehören die großen prophetischen Verheißungen und Visionen. Es sind Hoffnungsbilder, die uns auf den Kommenden einstimmen wollen. Der kommende Herr ist der Heiland unseres Herzens, der Retter unseres Lebens und unserer Welt. Auf ihn können wir unsere Hoffnung setzen. Er wird uns Recht verschaffen.

Kyrie-Ruf

Herr Jesus Christus, du menschgewordener Gottessohn.
Herr, erbarme dich.

Herr Jesus Christus, du Spross aus dem Geschlecht Davids.
Christus, erbarme dich.

Herr Jesus Christus, du unsere Gerechtigkeit.
Herr, erbarme dich.

Vergebungsbitte

Der treue Gott erbarme sich unser, er nehme alle Schuld von uns, sehe unser Leid, höre unsere Stimme und berge unser Leben in seiner Liebe.

Gebet

Gott, unser Vater,
Jahr für Jahr erwarten wir das Fest unserer Erlösung. Gib, dass wir deinen Sohn von ganzem Herzen als unseren Retter und Heiland aufnehmen, damit wir ihm voll Zuversicht entgegengehen können, wenn er

wiederkommt. Er, der mit dir lebt und für uns eintritt, jetzt und in Ewigkeit.

Schrifttext

LESUNG AUS DEM BUCH JEREMIA (JER 33,14–16)

Seht, es werden Tage kommen – Spruch des Herrn –, da erfülle ich das Heilswort, das ich über das Haus Israel und über das Haus Juda gesprochen habe. In jenen Tagen und zu jener Zeit werde ich für David einen gerechten Spross aufsprießen lassen. Er wird für Recht und Gerechtigkeit sorgen im Land. In jenen Tagen wird Juda gerettet werden, Jerusalem kann in Sicherheit wohnen. Man wird ihm den Namen geben: Jahwe ist unsere Gerechtigkeit.

Deutung

Die Erwartung eines Retters setzt da ein, wo die Not am größten ist. Nach der Zerstörung Jerusalems, der Zerschlagung und Verbannung des Volkes Israel ins ferne Babel, wird ein Davidspross angekündigt, der Recht und Gerechtigkeit schaffen wird. Diese Ankündigung wird messianisch gedeutet. Auf Jesus hin, den Menschgewordenen. Er kennt die Not dieser Welt und unseres Lebens. Er gibt auch dem Schwachen eine Chance und zerschlägt unsere Hoffnung nicht. Er wird allen gerecht, fühlt sich in alle hinein und tritt für das ein, was die Einzelnen leben lässt. Er gibt Sicherheit. Bei ihm sind wir geborgen.
An seinem Friedensreich sollen wir mitbauen. Wir können es tun, indem wir wach werden für ihn, den Friedensfürsten, und ihn in unser Leben einladen, wie es in einem adventlichen Lied heißt: »Komm, o mein Heiland Jesu Christ, meins Herzens Tür dir offen ist. Ach zieh mit deiner Gnade ein, dein Freundlichkeit auch uns erschein. Dein Heilger Geist uns führ und leit den Weg zur ewgen Seligkeit. Dem Namen dein, o Herr, sei ewig Preis und Ehr.«

Einladung zur Kommunion

Seht, der Herr kommt zu uns, er bringt uns seinen Frieden.
Seht Christus, das Lamm Gottes, das hinwegnimmt die Sünde der Welt.

Herr, ich bin nicht würdig …

Kommunionspendung

Vaterunser

Um das Kommen des Herrn beten wir mit seinen Worten:
Vater unser im Himmel …

Segensbitte

Gott segne unser Leben, er schaue auf unsere Not, er heile unsere Schmerzen und berge uns in seiner heilenden Liebe. Er bleibe bei uns und verwandle unsere Angst in Vertrauen.
So segne dich/euch der treue Gott, der Vater, der Sohn und der Heilige Geist.

Liedvorschlag

GL 107 »Macht hoch die Tür, die Tor macht weit«

PIUS ANGSTENBERGER

Der Herr ist in deiner Mitte
Im Advent

Eröffnung
Im Namen des Vaters und des Sohnes und des Heiligen Geistes beginnen wir diese Feier.

Einführung
Der Advent ist eine schwierige Zeit für Kranke. Überall weihnachtet es jetzt schon. Die Leute draußen haben keine Zeit für den Advent: die Zeit des Wartens, der großen Sehnsucht. Kranke haben Zeit, viel Zeit. Kranke können warten. Wer krank ist, weiß, was Erwartung ist: die Hoffnung auf Linderung, auf Heilung, auf einen Besuch. Heute haben Sie Jesus Christus im heiligen Brot eingeladen. Er besucht Sie jetzt.
Er lädt Sie ein zum Schuldbekenntnis: nicht, damit Sie sich in Selbstvorwürfen zermartern! Er lädt Sie ein, ihm Ihre Last anzuvertrauen und abzugeben, was Ihnen das Leben schwer macht.

Kyrie-Rufe
Jesus Christus, dieser Advent ist für mich durch Krankheit gezeichnet. Was soll in mir heil werden? – Du bist das Heil der Welt:
Herr, erbarme dich.

Der Advent ist die Zeit der Vorbereitung auf Weihnachten, das Fest der Geburt Christi. Was möchte in meiner Krankheit in mir zur Welt kommen? – Du bist der menschgewordene Gott:
Christus, erbarme dich!

Meine Krankheit macht mir Angst: In welchen freien Raum möchtest du mich führen? – Du bist der Öffner der Herzen:
Herr, erbarme dich.

Vergebungsbitte

Der Gott, der dir entgegenkommt, ist voll Erbarmen gegen die Sünder und voller Liebe gegen die Gerechten. Er kennt all deinen Kleinmut, versteht deine Angst und verzeiht dir deine Sünden, er vergibt dir deine Schuld und führt dich ins ewige Leben.

Gebet

Jesus Christus,
dein Wort ist uns Wegweisung durch diese Zeit des Advents, in dem die Tage immer kürzer werden und das Dunkel mehr und mehr wächst. Erleuchte uns mit deinem Wort, damit wir den Weg verstehen lernen, auf dem du uns durch diese dunklen Tage führst.

Lesung

LESUNG AUS DEM BUCH ZEFANJA (ZEF 3,14–18a)
Juble, Tochter Zion! Jauchze, Israel! Freue dich und frohlocke von ganzem Herzen, Tochter Jerusalem!
Der Herr hat das Urteil gegen dich aufgehoben und deine Feinde zur Umkehr gezwungen. Der König Israels, der Herr, ist in deiner Mitte; du hast kein Unheil mehr zu fürchten. An jenem Tag wird man zu Jerusalem sagen: Fürchte dich nicht, Tochter Zion! Lass die Hände nicht sinken!
Der Herr, dein Gott, ist in deiner Mitte, ein Held, der Rettung bringt. Er freut sich und jubelt über dich, er erneuert seine Liebe zu dir, er jubelt über dich und frohlockt, wie man frohlockt an einem Festtag. Ich mache deinem Unglück ein Ende.

Deutung

Wie kann das sein: Sie sind krank und Sie sollen sich freuen und frohlocken und wie Zion jauchzen? Angesichts Ihrer Diagnose – was soll das bedeuten: »Du hast kein Unheil mehr zu fürchten«?
Kann das stimmen in dieser Welt in all ihrem Elend? Und doch steht da Gottes Zusage: »Ich mache deinem Unglück ein Ende.«
Dass das Unglück Ihrer Krankheit endlich ein Ende haben möge, diesen brennenden Herzenswunsch kennt Ihr Gott. Doch wo bleibt er mit sei-

nem Heil? Wie wird er seine Liebe zu Ihnen erneuern? Wenn das Wort des Herrn stimmt: »Ich mache deinem Unglück ein Ende!« – Wie sieht dann sein Glück aus? »Der Herr, dein Gott, ist in deiner Mitte, ein Held, der Rettung bringt. Er freut sich über dich und frohlockt.« Das genügt. Dies allein: Sie sind sein Glück – so, wie Sie sind: krank, schwach, voller Sehnsucht, begierig auf sein Heil.
Vielleicht können Sie Ihre Krankheit als Chance sehen, dass Gott den Acker Ihres Herzens aufreißen kann, damit sein Heil, damit er in Ihnen zur Welt kommt. Er ist in Ihrer Mitte. Ihr Heiland.

Einladung zur Kommunion

Sieh das Lamm Gottes. Es nimmt hinweg die Sünden der Welt.
Herr, ich bin nicht würdig …
Höre das Wort, das dich würdig macht und gesund: Empfange, was du bist, und werde, was du empfängst: Leib Christi.
Kommunionspendung

Vaterunser

Legen wir all unsere Anliegen dem in die Arme, der sie am Kreuz für uns ausgebreitet hat, um all unsere Not in Segen zu wandeln. Dazu hat er uns sein Gebet aufgegeben:
Vater unser im Himmel …

Segen

Der Herr segne und behüte dich: Er erwarte dich in deiner Erwartung. Er richte dich auf in seinem Heil. Er bringe dir seine Rettung.
So segne dich der kommende, der barmherzige und der dreieine Gott: der Vater, der Sohn und der Heilige Geist.

Lied

GL 107 »Macht hoch die Tür«

GEORG HUMMLER

Es kommt Besuch – bereite dich vor

Im Advent

Liturgische Eröffnung

Im Namen des Vaters …

Einführung

Wir stehen im Advent. Advent, das ist nicht nur eine Zeit des Kirchenjahres, sondern eine Zeit des Wartens, des Erwartens und der Vorbereitung.

Auf dem Weg in dieser adventlichen Hoffnung begleitet uns Johannes der Täufer. In kraftvollen Bildern spricht er davon, was wir erhoffen dürfen. Er ruft uns auf, umzukehren und uns zu öffnen für das Kommen des Erlösers. Oft aber sind wir Gott gegenüber mutlos. Deshalb bitten wir:

Kyrie-Rufe

Herr Jesus Christus, du kommst in unsere Zeit, du, der unser Leben heilt.
Herr, erbarme dich.

Herr Jesus Christus, du kommst in unsere Zeit, du, der zum Leben ermutigt.
Christus, erbarme dich.

Herr Jesus Christus, du kommst in unsere Zeit, du, der uns Leben in Fülle verheißt.
Herr, erbarme dich.

Vergebungsbitte

Christus, unser Herr, ist unter uns gegenwärtig. Er nimmt von uns alles, was die Gemeinschaft mit ihm hindert. Er stärkt und festigt unseren Glauben und unsere Hoffnung auf sein Kommen und vergibt uns unsere Schuld.

Gebet

Guter Gott,

Johannes der Täufer hat deinen Sohn angekündigt. Er hat die Menschen aufgerufen, dem Herrn den Weg zu bereiten.

Auch ich möchte Jesus den Weg bereiten. Stärke du mich mit deiner Kraft, komme mir entgegen, denn ich bin müde und schwach. Meine Krankheit liegt schwer auf mir und belastet mich bei Tag und in manchen schlaflosen Nächten. Sieh auf mich und lass mich erfahren, dass du bei mir bist.

Lesung

AUS DEM EVANGELIUM NACH LUKAS (LK 3,1–6)

Es war im fünfzehnten Jahr der Regierung des Kaisers Tiberius; Pontius Pilatus war Statthalter von Judäa, Herodes Tetrarch von Galiläa, sein Bruder Philippus Tetrarch von Ituräa und Trachonitis, Lysanias Tetrarch von Abilene; Hohepriester waren Hannas und Kajaphas. Da erging in der Wüste das Wort Gottes an Johannes, den Sohn des Zacharias. Und er zog in die Gegend am Jordan und verkündigte dort überall Umkehr und Taufe zur Vergebung der Sünden. So erfüllte sich, was im Buch der Reden des Propheten Jesaja steht:

Eine Stimme ruft in der Wüste: Bereitet dem Herrn den Weg! Ebnet ihm die Straßen! Jede Schlucht soll aufgefüllt werden, jeder Berg und Hügel sich senken. Was krumm ist, soll gerade werden, was uneben ist, soll zum ebenen Weg werden. Und alle Menschen werden das Heil sehen, das von Gott kommt.

Deutung

»Bahnt für den Herrn einen Weg«, so ruft uns der »Adventsprediger«, Johannes der Täufer, zu. Unmissverständlich redet er den Menschen ins Gewissen, fordert zur Buße und Umkehr auf. Im Auf- und Wachrütteln besteht sein Auftrag, damit der verheißene Messias bei uns ankommen kann. Er fordert etwas von uns und wird so zur Herausforderung. Alle Welt wird schauen Gottes Heil. Die Verkündigung dieser Botschaft ist sein Ziel.

Wir sollen sein Kommen erwarten, nicht nur mit unserem Verstand, sondern mit unserem Herzen. Er will in unser Inneres kommen, er kommt zu uns in unserem Kranksein, mit all unseren Fragen, Zweifeln, Ängsten und Hoffnungen.

Einladung zur Kommunion

Jesus, der uns sein Heil schauen lässt und sich uns zur Speise gibt, ist gegenwärtig in unserer Mitte. So seht das Lamm Gottes, das hinwegnimmt die Sünde der Welt.
Herr, ich bin nicht würdig …
Kommunionspendung

Vaterunser

Zu Gott, der sich in erbarmender Liebe uns zuwendet, beten wir mit den Worten Jesu:
Vater unser im Himmel …

Segensbitte

Der ewige Gott, der ist, der war und der kommen wird, begleite uns heute und alle Tage, bis wir auf immer sein Heil schauen. So segne uns der Vater und der Sohn und der Heilige Geist.

Liedvorschlag

GL 113 »Mit Ernst, o Menschenkinder«
GL 803 »Tauet, Himmel, den Gerechten« (Eigenteil für die Diözesen Freiburg und Rottenburg-Stuttgart)

GUDRUN HÄRLE

Midianitische Tage
Heiligabend

. . . .

Liturgische Eröffnung

Beginnen wir unsere Feier im Namen des menschgewordenen Gottes, im Namen des Vaters …

Einführung

Weihnachten ist bekanntlich die Zeit der Geschenke. Ich kann mir vorstellen, dass es Ihnen weh ums Herz wird, wenn Sie an die Bescherung im Kreis Ihrer Familie denken. Wahrscheinlich wünschen Sie sich im Augenblick eher ein nicht-materielles Geschenk, die Gesundheit. Diese wünsche ich Ihnen von Herzen.
Ein nicht-materielles Geschenk, das uns allen jederzeit zur Verfügung steht, ist die Erinnerung. Erinnerungen, sagt man, sind kostbar. Sie sind vergleichbar mit kostbaren Perlen, die, aneinandergereiht zu einer Kette, einen Schatz bilden, den man in Notzeiten immer wieder heraufholen kann.
Mit der Erinnerung an die »Tage von Midian« erhellt der Prophet Jesaja die bedrängte Gegenwart seines Volkes. Auch wir rufen in bedrängten Zeiten den Herrn um sein Erbarmen an.

Kyrie-Ruf

Du führst mich hinaus ins Weite. Du machst meine Finsternis hell.
Herr, erbarme dich.

Menschen fühlen sich erdrückt vom Joch der Krankheit, doch dein Joch ist leicht.
Christus, erbarme dich.

Wunderbarer Ratgeber, starker Gott, Fürst des Friedens:
Herr, erbarme dich.

Vergebungsbitte

Der Herr erbarme sich unser. Er lasse uns die Sünden nach und führe uns zum ewigen Leben.

Gebet

Herr, unser Gott:
In Zeiten der Krankheit sind wir ganz besonders auf der Suche nach dem Not-Wendigen.
So bitten wir: Lass die Verheißungen dieser Heiligen Nacht an uns wahr werden. Erhelle du in uns, was dunkel ist und zerstört. Sei du in der Ratlosigkeit unser wunderbarer Ratgeber.
Darum bitten wir durch Christus, unseren Herrn.

Schrifttext

LESUNG AUS DEM BUCH JESAJA (JES 9,1–6)

Das Volk, das im Dunkel lebt, sieht ein helles Licht; über denen, die im Land der Finsternis wohnen, strahlt ein Licht auf. Du erregst lauten Jubel und schenkst große Freude. Man freut sich in deiner Nähe, wie man sich freut bei der Ernte, wie man jubelt, wenn Beute verteilt wird. Denn wie am Tag von Midian zerbrichst du das drückende Joch, das Tragholz auf unserer Schulter und den Stock des Treibers.
Jeder Stiefel, der dröhnend daherstampft, jeder Mantel, der mit Blut befleckt ist, wird verbrannt, wird ein Fraß des Feuers. Denn uns ist ein Kind geboren, ein Sohn ist uns geschenkt. Die Herrschaft liegt auf seiner Schulter; man nennt ihn: wunderbarer Ratgeber, starker Gott, Vater in Ewigkeit, Fürst des Friedens. Seine Herrschaft ist groß, und der Friede hat kein Ende. Auf dem Thron Davids herrscht er über sein Reich; er festigt und stützt es durch Recht und Gerechtigkeit, jetzt und für alle Zeiten. Der leidenschaftliche Eifer des Herrn der Heere wird das vollbringen.

Deutung

An den Knotenpunkten unseres Lebens halten wir gerne Rückschau auf die Vergangenheit.

Solche Knotenpunkte können freudige Ereignisse sein: eine Heirat, die Geburt eines Kindes, ein runder Geburtstag, ein Jubiläum zum Beispiel. Auch belastende Ereignisse zählen zu den Knotenpunkten: Der Tod eines geliebten Menschen oder eine Krankheit. Beides sind Ereignisse, die unser Leben verändern; es ist nichts mehr, wie es einmal war.
Vielleicht führt uns eine Rückschau in belastenden Situationen dazu, sich auf eine unbeschwerte Vergangenheit zurückzuziehen: damals, als mir noch alle Türen offen standen und das Leben noch leicht und unbeschwert war. Vielleicht beginne ich auch zu klagen über ein Leben, in dem mir von klein auf nichts geschenkt wurde. Beides führt dazu, dass ich mich möglichen Chancen verschließe, dass ich stehen bleibe.
Der Prophet Jesaja bietet seinem Volk eine ganz andere Form des Rückblicks an. In einer aussichtslosen politischen Situation für das kleine Land Juda erinnert er sich an die Vergangenheit. Er denkt zurück an die Tage von Midian. Damals, nach dem Auszug aus Ägypten, konnte das Volk Israel mit gut einem Zehntel seiner Truppen und Gottes Hilfe die Midianiter besiegen; ein Sieg, der nach menschlichem Ermessen gar nicht sein konnte. Diese Rückschau lähmt nicht, sondern stärkt das Vertrauen, dass das, was mit Gottes Hilfe einmal gelang, auch heute wieder gelingen kann.
Und welches sind Ihre »midianitischen Tage«?
Tage in der Vergangenheit, in denen ich gespürt habe, dass sich etwas zum Guten wendet?
Tage, in denen mir unerwartet Hilfe zuteil wurde?
Tage, in denen ich gemerkt habe: Da ist jemand für mich da?
Jesaja zeigt uns, wie er aus der Geschichte eines Volkes Kraft für die Gegenwart schöpft. Ich wünsche Ihnen, dass etwas von den visionären Beschreibungen des Propheten aufstrahlt in Ihr Leben.

Einladung zur Kommunion

Der Knotenpunkt in unserem Leben und in der Geschichte der Welt will Jesus sein, der sich uns schenkt. In Brot und Wein ist er Wegzehrung für Leib und Seele.

Kommunionspendung

Vaterunser

Lasst uns beten zu Gott, der unsere Dunkelheit erleuchtet:
Vater unser im Himmel …

Segensbitte

Bitten wir Gott um seinen Segen:
Das Angesicht des menschgewordenen Gottes leuchte über dir und mache deine Finsternis hell. Er mache dein Leben heil. Er erfülle dich mit Gelassenheit und Zuversicht.
Das erbitten wir heute, morgen und alle Tage unseres Lebens vom dreieinigen Gott, dem Vater, dem Sohn und dem Heiligen Geist.

Liedvorschlag

GL 134 »Lobt Gott, ihr Christen alle gleich«

CHARLOTTE SCHULZ

Alle Enden der Erde sehen das Heil unseres Gottes

Weihnachten

Liturgische Eröffnung

Gott wird Mensch, um uns hier und heute Freude, echte Freude zu schenken. In seinem Namen beginnen wir unsere weihnachtliche Feier: im Namen des Vaters …

Einführung

Weihnachten – da wäre man gerne in der Kirche beim Gemeindegottesdienst. Und wir feiern hier im kleinen Kreis miteinander. Doch wir sind verbunden mit der Gemeinde, weil Jesus Christus in ihrer Mitte und in unserer Mitte ist, weil er den Menschen in der Kirche und uns hier in der Kommunion ganz nahe ist.

Kyrie-Rufe

Herr Jesus Christus, du bist Mensch geworden, einer von uns.
Herr, erbarme dich.

Herr Jesus Christus, du kennst unser Leben.
Christus, erbarme dich.

Herr Jesus Christus, du willst uns ganz nahe sein.
Herr, erbarme dich.

Vergebungsbitte

Der barmherzige Gott erbarme sich unser, er vergebe uns unsere Schuld, er lasse uns seine Nähe erfahren und er führe uns zum Leben in der bleibenden Gemeinschaft mit ihm.

Gebet

Gott, du bist Mensch geworden, um uns nahe zu sein und um uns durch deine Gegenwart Freude zu schenken.

Lass uns das immer besser verstehen, gerade dann, wenn Krankheiten und Leid uns zu schaffen machen.
Darum bitten wir durch Jesus Christus, unseren Bruder und Herrn.

Schrifttext

LESUNG AUS DEM BUCH JESAJA (JES 52,7-10)

Wie willkommen sind auf den Bergen die Schritte des Freudenboten, der Frieden ankündigt, der eine frohe Botschaft bringt und Rettung verheißt, der zu Zion sagt: Dein Gott ist König.
Horch, deine Wächter erheben die Stimme, sie beginnen alle zu jubeln. Denn sie sehen mit eigenen Augen, wie der Herr nach Zion zurückkehrt. Brecht in Jubel aus, jauchzt alle zusammen, ihr Trümmer Jerusalems! Denn der Herr tröstet sein Volk, er erlöst Jerusalem. Der Herr macht seinen heiligen Arm frei vor den Augen aller Völker.
Alle Enden der Erde sehen das Heil unseres Gottes.

Deutung

»Nun freut euch ihr Christen, singet Jubellieder«, heißt es in einem bekannten Weihnachtslied. Wenn man krank ist oder gebrechlich, dann tut man sich schwer mit der Freude, die die anderen erfüllt. Dem Volk Israel war es in der Zeit, von der die Lesung redet, wahrscheinlich auch nicht danach, die Jubelaufrufe des Jesaja zu befolgen. Israel lebte damals im Exil, fern der Heimat, in Armut und gedemütigt. Und doch kommt Jesaja und verkündet, dass das Volk bald Grund zur Freude haben werde: Gott wird sie wieder in die Heimat bringen, in der sie in Sicherheit weiterleben können. »Alle Enden der Erde sehen das Heil unseres Gottes.«
Dass Gott seine Verheißung erfüllt hat und immer wieder neu erfüllt, das dürfen wir heute feiern: Gott kommt zu uns, in unsere Welt, unser Leben. Gott wird Mensch – und erleidet, erduldet alles das, was auch wir erdulden müssen, auch Krankheit, Leid und Not.
Deshalb dürfen wir uns heute freuen, auch und gerade dann, wenn Krankheiten uns zu schaffen machen: Er ist bei uns. Ja, alle Enden der Erde sehen das Heil unseres Gottes: Jesus Christus.

Einladung zur Kommunion

Alle Enden der Erde sehen das Heil unseres Gottes. In der Kommunion ist er in unserer Mitte. Er gibt sich in unsere Hände, damit wir nicht nur sehen, sondern auch schmecken können, wie nahe er uns ist.

Kommunionspendung

Vaterunser

Beten wir mit den Worten, die Jesus, unser Bruder und Herr, selbst mit uns betet:

Vater unser im Himmel …

Segensbitte

Es segne uns Gott, der Vater, der uns geschaffen hat.

Es segne uns Gott, der Sohn, der für uns Mensch geworden ist.

Es segne uns Gott, der Heilige Geist, der uns auf unserem Lebensweg begleitet.

Es segne uns der dreieinige und barmherzige Gott, der Vater, der Sohn und der Heilige Geist.

Liedvorschlag

GL 143 »Nun freut euch, ihr Christen«

UDO HERMANN

Fürchtet euch nicht
Weihnachten

Liturgische Eröffnung
Beginnen wir unsere Feier im Namen des menschgewordenen Gottes: Im Namen des Vaters …

Einführung
Wahrscheinlich erfüllt es Sie mit Trauer und Wehmut, Weihnachten im Krankenhaus verbringen zu müssen. Nicht das Fest steht im Vordergrund, sondern die Krankheit. Sie scheint alles andere zu verdrängen.
Jesus erging es bei seiner Geburt ähnlich. Die Menschen waren mit der Volkszählung beschäftigt. Lediglich die Hirten, Außenseiter der Gesellschaft, nahmen vom göttlichen Kind Notiz.
Bitten wir den Herrn, dass er unsere Not sehen möge.

Kyrie-Ruf
Herr, inmitten von Hektik und Geschäftigkeit bin ich.
Herr, erbarme dich.

Herr, du hast dich mit Haut und Haaren auf uns eingelassen.
Christus, erbarme dich.

Herr, wir sehnen uns danach, dass uns wie den Hirten ein Licht aufgeht.
Herr, erbarme dich.

Vergebungsbitte
Der allmächtige Gott erbarme sich unser. Er lasse uns die Sünden nach und führe uns zum ewigen Leben.

Gebet
Herr, das Krankenhaus hat sich geleert. Alle, die irgendwie können, sind nach Hause gegangen.

Nur ich bin noch da. Ich spüre: Das Personal ist sehr liebevoll. Meine Familie kommt mich besuchen. Dafür bin ich dankbar.
Trotzdem fühle ich mich irgendwie vergessen und bin beunruhigt.
Herr, du kennst mich. Du weißt, wie es ist. Klein und hilflos bist du zu uns Menschen gekommen. Hilf mir! Lass alles gut werden.

Schrifttext

AUS DEM HEILIGEN EVANGELIUM NACH LUKAS (LK 2,1–14)
In jenen Tagen erließ Kaiser Augustus den Befehl, alle Bewohner des Reiches in Steuerlisten einzutragen. Dies geschah zum ersten Mal; damals war Quirinius Statthalter von Syrien. Da ging jeder in seine Stadt, um sich eintragen zu lassen.
So zog auch Josef von der Stadt Nazaret in Galiläa hinauf nach Judäa in die Stadt Davids, die Betlehem heißt; denn er war aus dem Haus und Geschlecht Davids. Er wollte sich eintragen lassen mit Maria, seiner Verlobten, die ein Kind erwartete. Als sie dort waren, kam für Maria die Zeit ihrer Niederkunft und sie gebar ihren Sohn, den Erstgeborenen. Sie wickelte ihn in Windeln und legte ihn in eine Krippe, weil in der Herberge kein Platz für sie war.
In jener Gegend lagerten Hirten auf freiem Feld und hielten Nachtwache bei ihrer Herde. Da trat der Engel des Herrn zu ihnen, und der Glanz des Herrn umstrahlte sie. Sie fürchteten sich sehr, der Engel aber sagte zu ihnen: Fürchtet euch nicht, denn ich verkünde euch eine große Freude, die dem ganzen Volk zuteil werden soll: Heute ist euch in der Stadt Davids der Retter geboren; er ist der Messias, der Herr. Und das soll euch als Zeichen dienen: Ihr werdet ein Kind finden, das, in Windeln gewickelt, in einer Krippe liegt. Und plötzlich war bei dem Engel ein großes himmlisches Heer, das Gott lobte und sprach: Verherrlicht ist Gott in der Höhe und auf Erden ist Friede bei den Menschen seiner Gnade.

Deutung

Die Hirten, die Außenseiter der damaligen Gesellschaft, erfahren als erste von der Geburt des Gottessohnes. Wie haben sie wohl das Unfassbare inmitten ihres Alltags erlebt?

Als ihnen der Engel erscheint, befinden sich die Hirten bei der Arbeit. Sie fordert vermutlich ihre ganze Aufmerksamkeit, denn in der Dunkelheit konnten sich leicht wilde Tiere anschleichen.
Die Hirten haben sich gefürchtet. Vielleicht haben sie die Worte der Engel, »Verherrlicht ist Gott in der Höhe ... Friede bei den Menschen seiner Gnade«, nicht verstanden. Sie haben über dieses Kind nichts anderes erfahren als das, was sie selbst sind: arm, in einem Viehstall, heruntergekommen. Ein heruntergekommener Gott.
Was eigentlich veranlasst die Hirten aufzubrechen, um unter ihresgleichen den Messias zu suchen? Sind sie neugierig, zu erkunden, was hinter der Botschaft der Engel steht? Folgen sie einer Eingebung?
Die Hirten machen mir Mut. Sie haben sich aufgemacht, Jesus zu suchen, trotz ihrer Furcht. Sie haben sich aufgemacht, obwohl sie möglicherweise nicht alles vom Lobgesang der Engel verstanden haben. Sie haben sich aufgemacht, obwohl sie bei einer Tätigkeit waren, von der sie eigentlich nicht weg konnten. Sie haben sich aufgemacht, obwohl sie den Messias in der Gestalt eines Säuglings einer armen Familie nicht vermuten konnten.
Ich wünsche Ihnen von Herzen, dass sie Jesus inmitten Ihrer Lebenssituation aufspüren können. Ich wünsche Ihnen von Herzen, dass es auch in Ihrem Leben Weihnachten wird!

Einladung zur Kommunion

Betlehem ist mitten unter uns, in Hetze, Unverständnis, Furcht und Neugier. Der Herr will zu jeder Zeit unsere Speise sein. So beten wir: Herr, ich bin nicht würdig ...
Kommunionspendung

Vaterunser

Wir beten zu Gott, der in seinem Sohn uns gleich geworden ist.
Vater unser im Himmel ...

Segensbitte

Gott hat uns Engel geschickt, um sich uns Menschen bemerkbar zu machen. Engel mögen dich begleiten auf all deinen Wegen.
Mögest du dich niemals einsam und verlassen fühlen.
Mögest du dir der Unterstützung geliebter Menschen sicher sein.
Dies erbitten wir für heute, morgen und für alle Tage unseres Lebens vom dreieinigen Gott: dem Vater, dem Sohn und dem Heiligen Geist.

Liedvorschlag

GL 138 »Es kam ein Engel hell und klar«

CHARLOTTE SCHULZ

Meine Zeit steht in deinen Händen

Jahreswechsel

Liturgische Eröffnung

Im Namen des Vaters und des Sohnes und des Heiligen Geistes.
Die Gnade unseres Herrn Jesus Christus, die Liebe Gottes des Vaters und die Gemeinschaft des Heiligen Geistes sei mit euch/dir.

Einführung

Selten erleben wir die Zeit so intensiv wie in der Silvesternacht. Wir schauen zurück auf das alte Jahr und ziehen Bilanz. Wir überlegen uns gute Vorsätze für das neue Jahr, wir haben Wünsche und Erwartungen und zählen die Stunden und Minuten bis Mitternacht.
Alles, was uns in diesem Jahr bewegt hat, bringen wir vor Gott. Mit ihm wollen wir das alte Jahr beenden und das neue beginnen.

Kyrie-Rufe

Herr Jesus Christus, deine Liebe bleibt, wenn unsere Zeit vergeht.
Herr, erbarme dich.

Herr Jesus Christus, dein Wort begleitet uns im alten und im neuen Jahr.
Christus, erbarme dich.

Herr Jesus Christus, du bleibst bei uns alle Tage bis ans Ende der Zeit.
Herr, erbarme dich.

Vergebungsbitte

Es erbarme sich unser der gütige Gott, er schenke uns seine Liebe und seinen Frieden alle Tage unseres Lebens.

Gebet

Guter Gott,
oft haben wir deine Güte und Treue erfahren und mitten im Alltag deine heilende Nähe gespürt. Lass uns nun am Ende dieses Jahres bei dir zur Ruhe kommen.
Wir schauen dankbar zurück auf das, was war. Schenke uns die Kraft für all das Neue, das vor uns liegt, und begleite uns auf unserem Weg.
Darum bitten wir dich durch Christus, unseren Herrn und Bruder.

Schrifttext

LESUNG AUS DEM BUCH KOHELET (KOH 3,1–8)

Alles hat seine Stunde. Für jedes Geschehen unter dem Himmel gibt es eine bestimmte Zeit:
Eine Zeit zum Gebären und eine Zeit zum Sterben, eine Zeit zum Pflanzen und eine Zeit zum Abernten der Pflanzen,
eine Zeit zum Töten und eine Zeit zum Heilen, eine Zeit zum Niederreißen und eine Zeit zum Bauen,
eine Zeit zum Weinen und eine Zeit zum Lachen, eine Zeit für die Klage und eine Zeit für den Tanz;
eine Zeit zum Steinewerfen und eine Zeit zum Steinesammeln, eine Zeit zum Umarmen und eine Zeit, die Umarmung zu lösen,
eine Zeit zum Suchen und eine Zeit zum Verlieren, eine Zeit zum Behalten und eine Zeit zum Wegwerfen,
eine Zeit zum Zerreißen und eine Zeit zum Zusammennähen, eine Zeit zum Schweigen und eine Zeit zum Reden,
eine Zeit zum Lieben und eine Zeit zum Hassen, eine Zeit für den Krieg und eine Zeit für den Frieden.

Deutung

»Alles hat seine Zeit.« Damit ist gemeint: »Nimm alles so, wie es kommt.« Ihre Zeit ist gerade von Krankheit bestimmt, Sie können nicht so, wie Sie wollen, Sie sind zum Innehalten gezwungen. Das ist manchmal sehr schwer. In dieser Auszeit liegt aber auch eine Chance, denn es bleibt viel Zeit zum Nachdenken darüber, was unser Leben trägt und hält. Zum Beispiel darüber, dass jede Zeit und jeder Augenblick unseres Lebens in Gottes Hand liegt. Schauen wir jetzt noch einmal auf die Augenblicke und Zeiten zurück, die uns im vergangenen Jahr besonders bewegt haben. Wir denken an die Menschen, die uns wichtig sind, an die heiteren Begegnungen, an die guten Tage, an alles Erfreuliche und Schöne, womit wir beschenkt wurden.

Kurze Stille

Es gab aber auch leere Tage und traurige Momente, Zeiten der Enttäuschung, des Zweifels und der Unsicherheit.

Kurze Stille

Demütig legen wir alle Tage in die Hand Gottes, von dem wir glauben, dass er uns in allen Zeiten unseres Lebens nahe bleibt. Wir können nicht tiefer fallen als in Gottes Hand.

Einladung zur Kommunion

Im Brot des Lebens will Gott uns auf besondere Weise nahe sein. Seht das Lamm Gottes …

Herr, ich bin nicht würdig …

Kommunionspendung

Vaterunser

Lasst uns beten zu Gott, unserem Vater, der ist und der war und der kommen wird:

Vater unser im Himmel …

Segensbitte

Gott, wir danken dir für dein Wort und das lebendige Brot, das wir von dir empfangen haben. Du hast uns gestärkt auf unserem Weg durch die Zeit. Du hast uns Mut gemacht für das neue Jahr, das wir in deiner Geborgenheit beginnen wollen. Segne uns und unser Tun, damit es eine gute Zeit wird.

Es segne und begleite uns der treue und gütige Gott, der Vater, der Sohn und der Heilige Geist.

Liedvorschlag

GL 158 »Lobpreiset all zu dieser Zeit«

GL 833 »Danket dem Herrn, denn er ist gut« (Eigenteil für die Diözesen Freiburg und Rottenburg-Stuttgart)

THERESIA SAUER-MOK

Gottes Licht strahlt auf

Epiphanie

Liturgische Eröffnung

Du, Herr, lässt meine Leuchte erstrahlen, mein Gott macht meine Finsternis hell (Ps 18,29).
Im Namen des Vaters …

Einführung

In den ersten Tagen des neuen Kalenderjahres versammeln wir uns zu dieser Glaubensfeier. Es sollen Tage des Heils, erfüllt und getragen von Gottes Frieden sein. So sind wir auch hier mit unserer Erfahrung von Krankheit und Schwachheit, mit unserer Ohnmacht und Angst, mit unseren Fragen und Sorgen.
Wir vertrauen auf den Zuspruch durch Gottes Verheißung, wir hoffen, dass seine Kraft und Stärke uns Wegbegleitung und Halt ist.
Seine Herrlichkeit geht leuchtend auf, sein Licht strahlt auf über uns und unserer Welt.

Kyrie-Ruf

Herr Jesus Christus, du bist der Stern der Hoffnung.
Herr, erbarme dich.

Du überwindest alle Dunkelheit der Angst und Schuld.
Christus, erbarme dich.

Dein Licht strahlt auf in den Herzen der Suchenden.
Herr, erbarme dich.

Vergebungsbitte

Der menschenfreundliche Gott erbarme sich unser und aller Menschen, er schenke uns das Licht seines Friedens und lasse uns teilhaben an seiner Herrlichkeit.

Gebet

Herr, Jesus Christus, in dir erkennen wir dankbar das Licht, das alle Finsternis überwindet. Du leuchtest mit deiner Menschenfreundlichkeit in jede Ohnmacht und Hilflosigkeit. All unsere Sehnsucht nach Geborgenheit und Frieden, nach Heil und Leben findet in dir eine Antwort. In der Schwachheit unseres Leibes, in unserer Krankheit bist du uns besonders nahe.

Stärke uns in dieser Stunde durch dein Wort und das Brot des Lebens. Lass uns darin Kraft finden für die Wege, die wir zu gehen haben. Dein Licht sei uns immer neu Orientierung und Halt, Hoffnung und Freude. Dir, guter Gott, sei Ehre und Lobpreis, jetzt und in Ewigkeit.

Schrifttext

LESUNG AUS DEM BUCH JESAJA (JES 60,1–6)

Auf, werde licht, denn es kommt dein Licht, und die Herrlichkeit des Herrn geht leuchtend auf über dir.

Denn siehe, Finsternis bedeckt die Erde und Dunkel die Völker, doch über dir geht leuchtend der Herr auf, seine Herrlichkeit erscheint über dir. Völker wandern zu deinem Licht und Könige zu deinem strahlenden Glanz.

Blick auf und schau umher: Sie alle versammeln sich und kommen zu dir. Deine Söhne kommen von fern, deine Töchter trägt man auf den Armen herbei. Du wirst es sehen, und du wirst strahlen, dein Herz bebt vor Freude und öffnet sich weit. Denn der Reichtum des Meeres strömt zu dir, die Schätze der Völker kommen zu dir.

Zahllose Kamele bedecken dein Land, Dromedare aus Midian und Efa. Alle kommen von Saba, bringen Weihrauch und Gold und verkünden die ruhmreichen Taten des Herrn.

Deutung

Eine wohltuende Weite öffnet sich dem Horizont unseres Lebens.

Mit dem Psalmisten können wir singen: »Du, Herr, lässt meine Leuchte erstrahlen, mein Gott macht meine Finsternis hell. Mit dir erstürme ich Wälle, mit meinem Gott überspringe ich Mauern« (Ps 18,29f).

Wir sind im Glauben hineingenommen in die große Schar derer, die sich im Lichtglanz der Liebe Gottes geborgen fühlen. Gottes Licht strahlt auch in so manche Enge und Angst unseres Lebens. Die mag auch jetzt in dieser Stunde ganz deutlich zu spüren sein. Was gibt uns Mut, was gibt uns Kraft? Was lässt uns aufbrechen und neue Zuversicht finden? Wir feiern in diesen Tagen die Menschwerdung Gottes. In Jesus Christus ist Gott uns menschenfreundlich nahe gekommen. Im Teilen unserer menschlichen Ohnmacht und Armut lässt er uns auch teilhaben an seiner Herrlichkeit. Davon singt und kündet die Verheißung des Propheten Jesaja. All unsere Sehnsucht nach Frieden und Heil, nach Leben und Geborgenheit findet in seinem Kommen eine Erfüllung. Gottes Licht strahlt auf und lässt unser Herz weit werden und eine tiefe Freude erfahren.

Einladung zur Kommunion

Wir sind eingeladen, dem Licht der Liebe Gottes in unserem Leben Raum zu geben. Mit dem Lobgesang des Zacharias bekennen wir: »Denn unser Gott ist reich an Erbarmen, darum kommt zu uns das strahlende Licht aus der Höhe« (Lk 1,78).

Kommunionspendung

Vaterunser

Lasst uns beten zu Gott, der unser Leben hell macht:
Vater unser im Himmel …

Segensbitte

Gottes Herrlichkeit gehe leuchtend auf über dir, sein Licht vertreibe alle Dunkelheit des Herzens. So segne und stärke dich/euch der menschenfreundliche Gott, der Vater und der Sohn und der Heilige Geist.

Liedvorschlag

GL 147,1–3 »Sieh, dein Licht will kommen«
GL 557 »Du höchstes Licht, du ewger Schein«

JOHANNES GANS

Österliche Bußzeit

Leben – nicht nur von Brot allein

Österliche Bußzeit

. . . .

Liturgische Eröffnung

Beginnen wir unsere Feier im Namen des Vaters …

Einführung

»Geld allein macht nicht glücklich.« – Die Wahrheit dieses einfachen Satzes erleben wir beispielsweise hier im Krankenhaus, wenn wir merken, dass wir uns die Gesundheit nicht kaufen können und unsere Genesung in der Hand anderer Menschen liegt.
Diese Erfahrung kann beunruhigen. Legen wir unsere Ängste und Hilflosigkeit in die Hände Gottes. Rufen wir den Herrn um sein Erbarmen an.

Kyrie-Ruf

Herr Jesus Christus. Mein Leben ganz in deine Hand zu legen, fällt mir schwer.
Herr, erbarme dich.

Herr Jesus Christus. Durch die Krankheit ist in meinem Leben alles durcheinander geraten.
Christus, erbarme dich.

Herr Jesus Christus. Ich habe gemerkt, wie sehr ich auf ein ehrliches und gutes Wort angewiesen bin.
Herr, erbarme dich.

Vergebungsbitte

Der allmächtige Gott erbarme sich unser. Er lasse uns die Sünden nach und führe uns zum ewigen Leben.

Gebet

Allmächtiger Gott,
Jesus Christus war erfüllt von deinem Geist und deiner Liebe.
Hilf uns in dieser Österlichen Bußzeit, unser Leben neu auszurichten, damit wir Christus immer mehr nachfolgen auf dem Weg zu dir.
Darum bitten wir dich im Heiligen Geist durch ihn, Jesus Christus, unseren Herrn.

Schrifttext

AUS DEM HEILIGEN EVANGELIUM NACH MATTHÄUS (MT 4,1–4)

Dann wurde Jesus vom Geist in die Wüste geführt; dort sollte er vom Teufel in Versuchung geführt werden. Als er vierzig Tage und vierzig Nächte gefastet hatte, bekam er Hunger. Da trat der Versucher an ihn heran und sagte: Wenn du Gottes Sohn bist, so befiehl, dass aus diesen Steinen Brot wird. Er aber antwortete: In der Schrift heißt es: Der Mensch lebt nicht nur von Brot, sondern von jedem Wort, das aus Gottes Mund kommt.

Deutung

Beim Lesen dieses Textes sind mir drei Worte aufgefallen: »Versuchung«, »Sohn Gottes« und »Brot«. Auf diese Begriffe möchte ich mich in der Textdeutung einlassen.
Die Versuchung: »Die zarteste Versuchung, seit es Schokolade gibt«, so warb vor einigen Jahren ein Schokoladenhersteller für sein Produkt. »Versuchung, das ist, wenn die Gesamtorientierung auf den Willen Gottes zugunsten eines geschöpflichen Wertes aufgegeben wird«, so heißt es im Lexikon der Katholischen Dogmatik. Soll ein Stück Schokolade ernsthaft meine Beziehung zu Gott gefährden? Oder sind hier Moralapostel am Werk, die uns jeden Genuss verleiden wollen?
Was sagt Matthäus darüber?
Jesus könnte nach vierzigtägigem Fasten doch eigentlich guten Gewissens aus den zahlreichen Steinen in der Wüste Brot zaubern. Dass er es nicht tut, sollte uns aufmerken lassen. Jesus wehrt die Versuchung ab, indem er auf einen höheren Wert verweist. »Der Mensch lebt nicht nur

von Brot, sondern von jedem Wort, das aus Gottes Mund kommt« (Mt 4,4). Jesus weiß also, warum er aufs Essen verzichtet. Es geht hier nicht um ein plumpes Verbot, sondern um ein höheres Ziel, für das es sich lohnt, dem Genuss zu widerstehen.

Jesus möchte nicht einfach verbieten, sondern unseren Blick schärfen für die höheren Werte unseres Lebens.

Gottes Sohn: Manchmal erscheint es unverständlich, dass Jesus etwas nicht tut, was er doch tun könnte. Unter dem Kreuz haben ihn Umstehende herausgefordert: »Wenn du Gottes Sohn bist, hilf dir selbst und steig herab vom Kreuz« (Mt 27,40). Hätte er sich dadurch nicht unendliche Schmerzen und Demütigungen ersparen können? Vielleicht ist das gerade in Tagen der Krankheit der größte Anstoß: »Warum tut er nichts, wenn er es doch kann?« In diesen Zeiten mögen uns die Worte des Psalmbeters ein Trost sein: »Das ist mein Schmerz, dass die Rechte des Herrn so anders handelt« (Ps 77,11). Jesus – eben nicht der große Zauberer, sondern der ganz Andere.

Das Brot: »Unser täglich Brot gib uns heute« ist neben »und führe uns nicht in Versuchung« eine Bitte im Vaterunser. Ein Zeichen dafür, dass Jesus diese beiden Dinge besonders hoch schätzte.

Trotz der sozialen Schere, die immer weiter auseinander geht, wissen wir: Vielen geht es gut in Europa. Sie leben in Frieden und relativem Wohlstand. Sie müssen sich nicht sorgen um ihr täglich Brot. Sie haben Maschinen, die ihnen den Alltag erleichtern. Und wir kennen das andere auch: dass man in einer geheizten Wohnung, an einem gedeckten Tisch und einem Fernseher, der rund um die Uhr Programm sendet, am »Brot« allein verhungern kann.

»Der Mensch lebt nicht nur von Brot« (Mt 4,4), sagt Jesus und rührt damit unsere Sehnsucht an: nach Menschen, die mich lieben und achten, nach jemandem, dem ich fehle, wenn ich nicht da bin, nach Gesundheit, nach Gemeinschaft und Gespräch, nach Lachen und Weinen, nach Streit und Versöhnung.

Ich wünsche Ihnen viel Erfolg beim Suchen und Finden Ihrer »Brotquellen«.

Einladung zur Kommunion

Jesus lädt uns ein, vom Leben mehr zu erhoffen als relativen Wohlstand. Wir dürfen zu ihm kommen. Er selbst ist das lebendige Brot, das uns aufleben lässt.

Kommunionspendung

Vaterunser

Bitten wir im Vaterunser um das, was wir zum Leben an Leib und Seele brauchen.

Vater unser im Himmel …

Segensbitte

Bitten wir Gott um seinen Segen:

Der Herr lasse uns reich werden an Werten, die das Leben kostbar machen.

Der Herr lasse uns nicht vergessen, dass wir auf all unseren Wegen unter seinem Schutz stehen.

Der Herr lasse uns mit seinem Beistand rechnen, heute, morgen und alle Tage unseres Lebens.

Liedvorschlag

GL 299 »Manchmal kennen wir Gottes Willen«

CHARLOTTE SCHULZ

Aus der Wüste ins Leben

Österliche Bußzeit

Liturgische Eröffnung

Im Namen des Vaters …

Der Herr, unser Gott, der uns durch die Wüste hindurchführt ins neue Leben, sei mit euch/dir.

Einführung

Die Fastenzeit hat begonnen und wir machen uns bereit für das Osterfest. Fastenzeit bedeutet nicht nur Verzicht auf Konsum und gutes Essen, sie kann auch eine Zeit der Besinnung sein: Besinnung auf das, was uns im Leben wichtig ist. Der heutige Schrifttext erzählt uns von einer Wüstenerfahrung Jesu, die ihn stärkt und ihm Kraft gibt für seinen Weg und seine Botschaft: »Das Reich Gottes ist nahe. Kehrt um und glaubt an Gott, der es gut mit euch meint.«

Kyrie-Rufe

Herr Jesus Christus, du kennst unsere starken und unsere schwachen Seiten.

Herr, erbarme dich.

Herr Jesus Christus, du weißt, was uns gelungen und was uns misslungen ist.

Christus, erbarme dich.

Herr Jesus Christus, du rufst uns immer wieder zur Umkehr.

Herr, erbarme dich.

Vergebungsbitte

Es erbarme sich unser der gütige und barmherzige Gott, er zeige uns den richtigen Weg und schenke uns die Kraft zu einem Neuanfang.

Gebet

Gott,
wir kommen zu dir mit allem, was uns bewegt oder bedrückt: mit unserem Weinen und Lachen, mit dem, was uns Angst macht, mit dem, was uns Hoffnung gibt.
Wir bringen dir alles, was uns gelungen ist, und auch das, was uns misslungen ist. Unser ganzes Leben geben wir in deine Hand.
Schau auf uns in deiner Barmherzigkeit und lass uns deine Nähe spüren.

Schrifttext

AUS DEM HEILIGEN EVANGELIUM NACH MARKUS (MK 1,12–15)
Danach trieb der Geist Jesus in die Wüste. Dort blieb Jesus vierzig Tage lang und wurde vom Satan in Versuchung geführt. Er lebte bei den wilden Tieren und die Engel dienten ihm.
Nachdem man Johannes ins Gefängnis geworfen hatte, ging Jesus wieder nach Galiläa; er verkündete das Evangelium Gottes und sprach: Die Zeit ist erfüllt, das Reich Gottes ist nahe. Kehrt um, und glaubt an das Evangelium!

Deutung

Jesus wurde in die Wüste geführt, an einen lebensbedrohenden und einsamen Ort. Jesus wurde vom Geist getrieben. Er hat sich Ort und Zeit nicht selbst ausgesucht.
Sie wurden auch in eine Art Wüstenzeit hineingeworfen. Denn Kranksein ist wirklich eine »wüste« Zeit. Kranke müssen auf vieles verzichten: auf die Beweglichkeit, auf den eigenen Lebensrhythmus, auf das Essen, weil der Appetit fehlt. Wer im Krankenhaus liegt, muss auf die gewohnte Umgebung verzichten und auf Menschen, die ihm vertraut sind. In dieser »wüsten« Zeit ist viel Stille zum Nachdenken. Und das kann auch eine Chance sein. Bei Jesus können wir das sehen: Er hält die Wüste aus bis ans Ende, Jesus zerbricht nicht daran. Er geht einen Weg nach innen, schöpft neue Kraft in der Tiefe und geht gestärkt wieder hinaus ins Leben.

Auch für Sie kann Ihre Wüste zu einer Chance werden. Denn es wird Ihnen bewusst, dass es nicht selbstverständlich ist, gehen zu können; dass es nicht selbstverständlich ist, sich selbst versorgen zu können und unabhängig zu sein. Und auf einmal wird all das sehr wertvoll, was im Augenblick nicht möglich ist, was Sie aber sonst täglich tun. Oft höre ich nach überstandener Krankheit Sätze wie: »Ich bin so froh und dankbar, dass ich noch jeden Tag aufstehen kann«. Ich wünsche Ihnen, dass auch Sie gestärkt aus diesen Krankheitstagen herausgehen und Ihren Weg zurück ins Leben finden.

Einladung zur Kommunion

Seht das lebendige Brot, für uns gebrochen, damit wir nicht zerbrechen.
Herr, ich bin nicht würdig …
Kommunionspendung

Vaterunser

Wir wollen alles, was uns tief im Herzen bewegt, in das Vaterunser hineinlegen und sprechen miteinander.
Vater unser im Himmel …

Segensbitte

Gott, wir wissen, dass wir immer wieder neu anfangen dürfen. Deine Liebe und Güte kennt keine Grenzen. Du führst uns von der Wüste zum Leben, du hilfst uns, dass unsere Umkehr gelingen kann. Dafür danken wir dir und preisen dich.
Wir bitten dich um deinen Segen für den Tag und die Woche und für jeden Neuanfang, den wir versuchen:
Es segne uns und behüte uns der barmherzige Gott, der Vater, der Sohn und der Heilige Geist.

Liedvorschlag

GL 163 »Aus tiefer Not schrei ich zu dir«

THERESIA SAUER-MOK

Im Kreuz ist Gottes Kraft

Österliche Bußzeit

. . . .

Liturgische Eröffnung

Im Namen des Vaters …

Der Herr, der sich der Schwachen in besonderer Weise annimmt, sei mit euch.

Einführung

Die Kranken und Schwachen haben es heutzutage schwer. In einer Welt, in der viel nach der Leistung gefragt wird, werden die Menschen, die zu nichts zu gebrauchen sind, nicht beachtet und vergessen. Auch Jesus Christus, von den Menschen verlassen und abgeurteilt, hing hilflos am Kreuz und starb. Doch sein Vater erweckte ihn zu neuem Leben. Die Kirche gibt uns im Zeichen des Brotes Anteil an der Auferstehung des Gottessohnes. Gott stärkt das Schwache im Menschen. Er erwählt es und zeichnet es aus.

Zu Beginn dieser Feier wollen wir uns besinnen und das Erbarmen des Herrn auf uns herabrufen:

Kyrie-Rufe

Herr Jesus Christus, du gibst den Schwachen Mut und Hoffnung.
Herr, erbarme dich.

Du zeigst den Verzweifelten den Weg.
Christus, erbarme dich.

Du lässt uns die Leiden dieser Welt mit anderen Augen sehen.
Herr, erbarme dich.

Vergebungsbitte

Der gütige Gott erbarme sich unser. Er lasse uns zu unserer Schwachheit stehen und so einen Neuanfang wagen.

Gebet

Guter Gott, wenn uns körperliche Schmerzen peinigen und wir mutlos sind wegen unserer seelischen Kraftlosigkeit, wenn Mitmenschen sich von uns abwenden, dann bist du da und gibst uns dein Wort. Du versprichst nicht schnelle Heilung. Aber deine unverbrüchliche Treue lässt uns Schwächen und Unzulänglichkeiten besser ertragen. Ganz nahe sind wir dir. Was auch kommen mag – wir können nicht verloren gehen. Dafür danken wir dir.

Schrifttext

LESUNG AUS DEM ERSTEN KORINTHERBRIEF (1 KOR 1,18.21–25)

Das Wort vom Kreuz ist denen, die verloren gehen, Torheit; uns aber, die gerettet werden, ist es Gottes Kraft.
Denn da die Welt angesichts der Weisheit Gottes auf dem Weg ihrer Weisheit Gott nicht erkannte, beschloss Gott, alle, die glauben, durch die Torheit der Verkündigung zu retten. Die Juden fordern Zeichen, die Griechen suchen Weisheit. Wir dagegen verkündigen Christus als den Gekreuzigten: für Juden ein empörendes Ärgernis, für Heiden eine Torheit, für die Berufenen aber, Juden wie Griechen, Christus, Gottes Kraft und Gottes Weisheit. Denn das Törichte an Gott ist weiser als die Menschen und das Schwache an Gott ist stärker als die Menschen.

Deutung

Der Verfasser des ersten Korintherbriefs, der Apostel Paulus, war vor seiner Bekehrung zum Christentum ein gebildeter Jude. Und er besaß auch Kenntnisse der griechischen Weisheitslehre. Die Juden glaubten an das Kommen eines starken Messias, der eine weltliche Herrschaft begründen würde, die Griechen an einen philosophischen Weg zu Gott. Der religiöse Weg der Christen ist durch den gekreuzigten Christus vorgezeichnet. Nicht Weisheit und Macht führen zu Gott, sondern die Gewaltlosigkeit und die freiwillige Erniedrigung. Jesus wehrte sich nicht gegen die Verurteilung und Demütigung durch die Menschen. Sein Weg endete am Kreuz, das auf wunderbare Weise zum Siegeszeichen wurde, zur Hoffnung für die ganze Menschheit.

Einladung zur Kommunion

Christus gibt sich uns zur Speise. Durch den Empfang des heiligen Brotes haben wir Anteil an seinem Kreuzestod und seiner Erhöhung.
Seht das Lamm Gottes …
Kommunionspendung

Vaterunser

Lasst uns in unserer Schwachheit beten, wie der Herr uns zu beten gelehrt hat:
Vater unser im Himmel …

Segensbitte

Wir bitten um Gottes Segen:
dass er in reichem Maß auf uns herabkomme,
dass er uns stärke in den Tagen der Krankheit und in den Stunden der Verzagtheit,
dass er in uns neues Leben entzünde.
Das gewähre uns der allmächtige Gott, der Vater und der Sohn und der Heilige Geist.

Liedvorschlag

GL 178 »Wir danken dir, Herr Jesu Christ«

JOSEF SCHARL

Heil werden durch das Geschenk der Versöhnung
Österliche Bußzeit

. . . .

Liturgische Eröffnung
Im Namen des Vaters …
Der Herr, der das Verlorene sucht und seine Freude über das Wiederfinden mit uns teilen will, sei mit euch.

Einführung
»Lasst euch mit Gott versöhnen« – dieser Satz steht wie ein Leitgedanke über unserer Kommunionfeier in der Österlichen Bußzeit.
So grüße ich Sie herzlich und lade dazu ein, mit mir über das Wort Versöhnung nachzudenken. Versöhnung hat etwas mit Unordnung, Umkehr, Schuld und Neuanfang zu tun.
Versöhnung will das Chaos in uns neu ordnen und das, was falsch gelaufen ist, wieder zurechtrücken. Sie will das Verletzte in uns heilen und das Geknickte und Niedergeschlagene wieder aufrichten. In diesem Sinne passt das Thema Versöhnung gut zur Situation der Krankheit. Wenn wir krank sind, gerät vieles durcheinander. Da hadern wir mit Gott, sind ungeduldig, leiden oder ziehen uns in ein Schneckenhaus zurück.
In diese Situation hinein richtet Gott den leidenschaftlichen Appell an uns: »Lasst euch mit Gott versöhnen.« Und ich möchte ergänzen: damit ihr heil werden könnt an Leib und Seele.

Kyrie-Rufe
Herr Jesus Christus, dein Augenmerk gilt den Schwachen und Kranken.
Herr, erbarme dich.

Den Sündern bist du nahe gekommen, damit sie umkehren konnten.
Christus, erbarme dich.

Auch uns hältst du deine Hand hin, damit wir sie ergreifen.
Herr, erbarme dich.

Vergebungsbitte

Gott, der Herr, erbarme sich unser, er nehme von uns alles, was uns belastet und bedrückt, und schenke uns von Neuem seine Zuwendung und sein Heil.

Gebet

Herr, unser Gott,
meine Kraft und meine Schwäche darf ich zu dir bringen, mein Gelingen und mein Scheitern. Du erträgst mich so, wie ich bin.
Ich bitte dich um neue Kraft und um Segen für den Weg, der noch vor mir liegt. Bleibe bei mir und beschütze mich mit deinem Sakrament und mit deiner Nähe.
Darum bitten wir durch Christus, unseren Herrn.

Schrifttext

LESUNG AUS DEM ZWEITEN KORINTHERBRIEF (2 KOR 5,17–21)

Wenn also jemand in Christus ist, dann ist er eine neue Schöpfung: Das Alte ist vergangen, Neues ist geworden. Aber das alles kommt von Gott, der uns durch Christus mit sich versöhnt und uns den Dienst der Versöhnung aufgetragen hat. Ja, Gott war es, der in Christus die Welt mit sich versöhnt hat, indem er den Menschen ihre Verfehlungen nicht anrechnete und uns das Wort von der Versöhnung anvertraute. Wir sind also Gesandte an Christi statt, und Gott ist es, der durch uns mahnt. Wir bitten an Christi statt: Lasst euch mit Gott versöhnen! Er hat den, der keine Sünde kannte, für uns zur Sünde gemacht, damit wir in ihm Gerechtigkeit Gottes würden.

Deutung

Manchmal würden wir liebend gerne diesen »alten« Körper abstreifen und als ganz neue, erlöste Menschen leben. Wir würden gerne hinter uns lassen, was krank ist, abgenutzt, unschön geworden, reparaturbedürftig und kaputt.
Wir wissen gleichzeitig, dass das nicht so einfach ist. Das Leben hinterlässt seine Spuren. Mit manchen Defiziten müssen wir leben. Trotzdem

ergeht heute an uns die Einladung, »neu« zu werden – obwohl das Leben seine Spuren hinterlassen hat.
Ein neuer Mensch werden, sich versöhnen zu lassen, ist in erster Linie ein spiritueller Vorgang. Sozusagen eine Frischzellenkur für unsere Seele. Und dafür ist es nie zu spät.
Daher gilt für uns heute in dieser Österlichen Bußzeit der einladende Aufruf: Lasst euch mit Gott versöhnen!

Einladung zur Kommunion

Auf der Pilgerreise unseres Lebens dürfen wir immer wieder rasten und neue Kraft schöpfen.
Seht das Lamm Gottes …
Herr, ich bin nicht würdig …
Kommunionspendung

Vaterunser

Unser Vater im Himmel ist ein barmherziger Vater, der sich freut über die Umkehr seiner Kinder. Zu ihm beten wir:
Vater unser im Himmel …

Segensbitte

Gott, am Ende dieser Feier bitten wir um deinen bleibenden Segen.
Das Sakrament, das wir empfangen haben, gebe uns neue Kraft und Hoffnung in den Tagen der Krankheit.
Das Geschenk der Versöhnung richte uns wieder auf und mache unsere Herzen hell und froh.
Dein Segen begleite uns alle Tage wie ein guter Stern.
So segne uns der gute und treue Gott, der Vater, der Sohn und der Heilige Geist.

Liedvorschlag

GL 621 »Ich steh vor dir mit leeren Händen, Herr«

JOSEF WIEDERSATZ

Gesalbt und gesandt
Gründonnerstag

Liturgische Eröffnung
Als Zeichen unserer Zugehörigkeit zu Christus, dem Gesalbten, sind wir nach der Taufe mit Chrisam gesalbt worden. Als Christinnen und Christen sind wir beisammen im Namen des Vaters …

Einführung
In der Bibel gilt Öl als kostbar und ist ein Symbol für Gottes Gnade, Freude und Kraft. Zu Beginn der heiligen drei Ostertage weihen die Bischöfe am Vormittag des Gründonnerstags die Öle für die Salbungen bei der Sakramentenspendung. Chrisam, Katechumenenöl und Krankenöl erinnern an unsere Würde als Kinder Gottes und verweisen zugleich auf Jesus Christus: Er ist der Gesalbte, der Messias. Deshalb ist ein anderes Wort für Christinnen und Christen auch »Gesalbte«.

Kyrie
Christus, Gottes Geist ist auf dir.
Kyrie eleison.

Christus, du bringst die Botschaft von Heil und Heilung für alle Menschen.
Christe eleison.

Christus, alle Augen sind auf dich gerichtet.
Kyrie eleison.

Vergebungsbitte
Christus, der zu den Bedürftigen gesandt ist, erbarme sich unser. Er lasse uns die Sünden nach und führe uns zum ewigen Leben.

Gebet

Ewiger Gott,
du hast Jesus, deinen Sohn, mit dem Heiligen Geist gesalbt. Er ist zum Christus, zum Gesalbten, geworden. Er verkündet deine Botschaft, die Heil und Heilung für alle Bedürftigen verheißt.
Lass auch uns glaubhaft von deiner befreienden Liebe Zeugnis geben.
Darum bitten durch Jesus Christus.

Schrifttext

AUS DEM HEILIGEN EVANGELIUM NACH LUKAS (LK 4,16–21)

So kam er auch nach Nazaret, wo er aufgewachsen war, und ging, wie gewohnt, am Sabbat in die Synagoge. Als er aufstand, um aus der Schrift vorzulesen, reichte man ihm das Buch des Propheten Jesaja. Er schlug das Buch auf und fand die Stelle, wo es heißt: Der Geist des Herrn ruht auf mir; denn der Herr hat mich gesalbt. Er hat mich gesandt, damit ich den Armen eine gute Nachricht bringe; damit ich den Gefangenen die Entlassung verkünde und den Blinden das Augenlicht; damit ich die Zerschlagenen in Freiheit setze und ein Gnadenjahr des Herrn ausrufe.
Dann schloss er das Buch, gab es dem Synagogendiener und setzte sich. Die Augen aller in der Synagoge waren auf ihn gerichtet. Da begann er, ihnen darzulegen: Heute hat sich das Schriftwort, das ihr eben gehört habt, erfüllt.

Deutung

Zu Beginn von Jesu öffentlichem Wirken steht die Verheißung vom Ende aller Gefangenschaft, Blindheit und Gebrochenheit. Was bereits der Prophet Jesaja verkündet hat, findet jetzt seine Erfüllung: Jesus Christus ist der von Gott Gesandte, durch den das versprochene Heil geschehen soll. Dieses Evangelium, wortwörtlich »frohe Botschaft«, ist keine Geschichte aus der Vergangenheit, sondern gilt auch uns Menschen heute. Uns ist zugesagt, dass Gott das Heil aller Menschen will: Wer krank ist, soll gesund werden; wer in unheilvollen Beziehungsmustern gefangen ist, soll daraus erlöst werden; wer den Anblick unangenehmer Wahrheiten nicht erträgt, soll alles in einem milderen Licht betrachten; wer in unterdrückerischen Strukturen klein gehalten wird, soll sich zu seiner vollen Größe und Würde aufrichten. Durch Jesus Christus wird Gottes Gnade und Güte, Gottes Liebe und Zärtlichkeit in der Welt offenbar und wirklich. Als Christinnen und Christen dürfen wir das glauben und glaubwürdig leben.

Einladung zur Kommunion
Seht das gewandelte Brot: Es ist Christus, erfüllt von Gottes Geist. Er bringt Gottes Gnade und Heil.
Herr, ich bin nicht würdig …
Kommunionspendung

Vaterunser
Zu Gott, der uns befreit und aufrichtet, wollen wie beten:
Vater unser im Himmel …

Segen
Neben der Salbung ist der Segen ein weiteres Zeichen für Gottes Nähe und Gnade. Um dieses Wohlergehen bitten wir:
Gott segne deine Hände, dass sie die Nähe Gottes fassen können.
Gott segne deine Augen, dass sie die Schöpfung Gottes wahrnehmen können.
Gott segne deine Ohren, dass sie Gottes Wort hören können.
Gott segne deinen Mund, dass er Gottes Taten weitersagen kann.
Gott segne dein Herz, dass es die Liebe Gottes spüren kann.
Das schenke dir und den Menschen, die dir am Herzen liegen, der Vater und der Sohn und der Heilige Geist.

Liedvorschlag
GL 617 »Nahe wollt der Herr uns sein«

KIRSTIN GERMER

Von Ostern bis Pfingsten

Das Geschenk neuen Lebens
Ostern

. . . .

Liturgische Eröffnung

Lobe den Herrn, meine Seele, und alles in mir seinen heiligen Namen! (Ps 103, 1)
Im Namen des Vaters …

Einführung

Wir rufen in dieser Stunde den Namen des Herrn an, von dem es im Psalm heißt: »Er vollbringt Taten des Heiles, er ist barmherzig und gnädig, er sättigt dich dein Leben lang mit seinen Gaben, er rettet dein Leben vor dem Untergang, er vergibt dir all deine Schuld und heilt all deine Gebrechen« (Ps 103).
Wir feiern Ostern, das Geschenk neuen Lebens, Auferstehung. Gerade auch wenn wir die Unzulänglichkeiten unseres Daseins sehen und Krankheit annehmen und aushalten müssen, gilt diese Glaubenszusage. Die österliche Freude weiß auch um die Tränen der Angst und Enttäuschung. Weil uns der Auferstandene nahe ist und begleitet, schenkt er uns das Samenkorn der Hoffnung und des neuen Lebens. Seiner Verwandlungskraft, seiner Liebe wollen wir uns öffnen.

Kyrie-Rufe

Herr Jesus Christus, im Geheimnis deiner Auferstehung besiegst du Angst und Tod.
Herr, erbarme dich.

Du bist die Quelle neuen Lebens, in dir ist Hoffnung, Zuversicht und Trost.
Christus, erbarme dich.

Du nimmst uns hinein in den ewigen Bund der Liebe Gottes.
Herr, erbarme dich.

Gebet

Herr, unser Gott,
du setzt mit der Auferstehung deines Sohnes einen neuen Anfang. Dies im Glauben zu bekennen und daraus Hoffnung und Zuversicht zu schöpfen ist ein großes Geschenk. Wir vertrauen deinem Bund, den du in Ewigkeit mit uns geschlossen hast und kommen zu dir mit allen Fragen, die uns umtreiben, mit aller Unsicherheit und Schwachheit. Komm uns entgegen, wenn wir dich suchen, gib uns Anteil an der neuen Schöpfung. In dir dürfen wir neu werden in Hoffnungskraft und Liebe, im Danken und Vertrauen.
Dir, guter Gott, sei Ehre und Lobpreis, jetzt und in Ewigkeit.

Schrifttext

LESUNG AUS DEM BUCH JESAJA (JES 55,1–11)

Auf, ihr Durstigen, kommt alle zum Wasser! Auch wer kein Geld hat, soll kommen. Kauft Getreide, und esst, kommt und kauft ohne Geld, kauft Wein und Milch ohne Bezahlung!
Warum bezahlt ihr mit Geld, was euch nicht nährt, und mit dem Lohn eurer Mühen, was euch nicht satt macht? Hört auf mich, dann bekommt ihr das Beste zu essen und könnt euch laben an fetten Speisen. Neigt euer Ohr mir zu, und kommt zu mir, hört, dann werdet ihr leben.
Ich will einen ewigen Bund mit euch schließen gemäß der beständigen Huld, die ich David erwies.
Seht her, ich habe ihn zum Zeugen für die Völker gemacht, zum Fürsten und Gebieter der Nationen. Völker, die du nicht kennst, wirst du rufen; Völker, die dich nicht kennen, eilen zu dir, um des Herrn, deines Gottes willen, weil er dich herrlich gemacht hat.
Sucht den Herrn, solange er sich finden lässt, ruft ihn an, solange er nahe ist.
Der Ruchlose soll seinen Weg verlassen, der Frevler seine Pläne. Er kehre um zum Herrn, damit er Erbarmen hat mit ihm, und zu unserem Gott; denn er ist groß im Verzeihen.
Meine Gedanken sind nicht eure Gedanken, und eure Wege sind nicht meine Wege – Spruch des Herrn.

So hoch der Himmel über der Erde ist, so hoch erhaben sind meine Wege über eure Wege und meine Gedanken über eure Gedanken.
Denn wie der Regen und der Schnee vom Himmel fällt und nicht dorthin zurückkehrt, sondern die Erde tränkt und sie zum Keimen und Sprossen bringt, wie er dem Sämann Samen gibt und Brot zum Essen, so ist es auch mit meinem Wort, das meinen Mund verlässt: Es kehrt nicht leer zu mir zurück, sondern bewirkt, was ich will, und erreicht all das, wozu ich es ausgesandt habe.

Deutung

Wir feiern Ostern. Wir haben selbst Anteil an diesem österlichen Geheimnis der Verwandlungskraft Gottes. In heiligen Zeichen wird diese uns offenbart und geschenkt. Wir empfangen das Brot der Versöhnung und werden gestärkt in der Hoffnung. Gott selbst spricht und sendet das Wort, das tröstet und befreit. Unerforschlich sind Gottes Wege. Wer mag je seine Gedanken erfassen? Wir sind erwählt, lebendiger Boden für das Wirken seiner Gnade zu sein. Sein Wort des Lebens berührt unsere Herzen. So nähern wir uns staunend dem Geheimnis seiner Liebe, dem Geheimnis des Lebens. Immer neu sind wir dazu eingeladen und gerufen. Das Geschehen in der Natur, das Aufkeimen der Saat und das neue Grün in diesen Tagen und Wochen lassen uns ahnen, wie kraftvoll seine Gegenwart und sein Wort unsere Herzen verwandeln können. Der Text aus dem Prophetenbuch Jesaja ist ein starker Hinweis auf das österliche Geschehen im Geheimnis des Sterbens und der Auferstehung Jesu Christi. Der neue Bund Gottes mit den Menschen ist gestiftet. Dieser lässt uns auch in mancher Anfechtung und Ohnmacht, die uns auf der irdischen Pilgerfahrt nicht fremd sind, in untrüglicher Weise geborgen und behütet sein. Spüren wir die Kraft dieses Beschenktseins?
Wie ist es, wenn uns Worte des Vertrauens und der Liebe zugesprochen werden? Sind wir dadurch nicht verwandelt? Dankbar sind wir im menschlichen Miteinander über Worte und Zeichen der Verbundenheit und Freundschaft, der Nähe und Treue. Sie geben Kraft und schenken Zuversicht. Gottes Zusage seines Bundes schenkt neues Leben, immer neu. Dies bekennen wir dankbar in diesen österlichen Tagen in der gro-

ßen Gemeinschaft der Glaubenden, auch wenn wir in der Erfahrung von Krankheit und Schwachheit auch um Einsamkeit und Alleinsein wissen.

Einladung zur Kommunion

Wir sind eingeladen zum Festmahl des Herrn und haben Anteil an der neuen Schöpfung. In unserer Armut erfüllt uns der Reichtum der Liebe Gottes, der Hunger nach Gerechtigkeit und Frieden will gestillt werden. Unser Suchen und Fragen findet eine Antwort: Jesus Christus.
Seht, das Brot des Lebens, das Lamm Gottes. Es nimmt hinweg die Sünde der Welt.
Kommunionspendung

Vaterunser

Lasst uns beten zu Gott, der mit uns Menschen einen neuen Bund geschlossen hat:
Vater unser im Himmel …

Segensbitte

Der Herr begleite dich in der Kraft seines Wortes, in deinem Suchen und Fragen zeige er dir freundlich sein Angesicht.
Gott sei immer neu für dich die Quelle der Zuversicht, er schenke dir Trost.
Er stärke dich im Glauben an seine Verheißung, er lasse dich in seinem Frieden geborgen sein und im Vertrauen auf seine Treue immer neu Halt finden.
So segne dich der gute und barmherzige Gott, der Vater und der Sohn und der Heilige Geist.

Liedvorschlag

GL 220,1–2 »Das ist der Tag, den Gott gemacht«
GL 227,1–3.11–12 »Danket Gott, denn er ist gut«

JOHANNES GANS

Den Herrn erkennen
Ostern

. . . .

Liturgische Eröffnung

Im Namen des Vaters …

Der auferstandene Herr, der uns neues Leben verheißt, sei mit euch.

Einführung

Sie sind krank. Sie brauchen ärztliche und pflegerische Hilfe. Als Christ/in erfahren Sie in diesen Tagen und Wochen, dass es nicht auf die eigene Leistung ankommt, sondern auf die persönliche Hingabe. Es reicht, wenn man sich vertrauensvoll an Gott wendet – so, wie man ist. Jesus Christus hat sich am Kreuz – in tiefster Not – seinem Vater unterstellt und ist am dritten Tag zu neuem Leben erweckt worden.
So dürfen auch Sie hoffen und glauben, dass Sie durch den Empfang des österlichen Jesus im heiligen Brot mit Kraft und Mut erfüllt werden.
Zu Beginn dieser Feier wollen wir den österlichen Herrn anrufen:

Kyrie-Rufe

Herr Jesus Christus, geboren von der Jungfrau Maria.
Herr, erbarme dich.

Herr Jesus Christus, hinabgestiegen in das Reich des Todes.
Christus, erbarme dich.

Herr Jesus Christus, auferstanden von den Toten.
Herr, erbarme dich.

Vergebungsbitte

Der allmächtige Gott erbarme sich unser und belebe uns mit österlicher Freude.

Gebet

Mein Herr und mein Gott,
es gibt Tage, an denen ich mich wie auf dem Abstellgleis fühle. Es bewegt sich nichts bei mir – nicht vorwärts und nicht rückwärts. Es gehen mir immer die gleichen Gedanken durch den Kopf.
Bewege du mich mit deiner österlichen Verheißung. Erschließe du mir die Botschaft von der Auferstehung deines Sohnes.

Schrifttext

AUS DEM HEILIGEN EVANGELIUM NACH LUKAS (LK 24,13–16.28–32)

Am gleichen Tag waren zwei von den Jüngern auf dem Weg in ein Dorf namens Emmaus, das sechzig Stadien von Jerusalem entfernt ist. Sie sprachen miteinander über all das, was sich ereignet hatte. Während sie redeten und ihre Gedanken austauschten, kam Jesus hinzu und ging mit ihnen. Doch sie waren wie mit Blindheit geschlagen, sodass sie ihn nicht erkannten.
So erreichten sie das Dorf, zu dem sie unterwegs waren. Jesus tat, als wolle er weitergehen, aber sie drängten ihn und sagten: Bleib doch bei uns; denn es wird bald Abend, der Tag hat sich schon geneigt. Da ging er mit hinein, um bei ihnen zu bleiben. Und als er mit ihnen bei Tisch war, nahm er das Brot, sprach den Lobpreis, brach das Brot und gab es ihnen. Da gingen ihnen die Augen auf und sie erkannten ihn; dann sahen sie ihn nicht mehr. Und sie sagten zueinander: Brannte uns nicht das Herz in der Brust, als er unterwegs mit uns redete und uns den Sinn der Schrift erschloss?

Deutung

Die Jünger waren begeistert von der Botschaft Jesu, von seinem Auftreten, von seinem Umgang mit den Menschen. Aber dass Jesus am Ende zum Tod am Kreuz verurteilt worden war, verstanden sie nicht. Zwei von ihnen wanderten in den Tagen nach der Hinrichtung Jesu nach Emmaus, um die schrecklichen Geschehnisse von Jerusalem vergessen zu können. Auf dem Weg trafen sie den Auferstandenen. Sie wussten zunächst nicht, dass es Jesus war. In dieser Begegnung erschloss sich den Jüngern der tiefere Sinn des Kreuzestodes Jesu. Glauben wird grundgelegt durch das Hören der Worte des Herrn. Vertiefter und gelebter Glaube entsteht erst im innerlichen Erfassen des Gestalt des Auferstandenen – mit seinen Wundmalen. Die Auferstehung passiert in mir persönlich.

Einladung zur Kommunion

Christus ist wahrhaft auferstanden. Halleluja.
Seht das Lamm Gottes …
Herr, ich bin nicht würdig …
Kommunionspendung

Vaterunser

Lasst uns beten zu Gott, unserem Vater, der seinen Sohn auferweckt hat:
Vater unser im Himmel …

Segensbitte

Barmherziger Gott, du hast die Menschheit vor Sinnlosigkeit und Barbarei gerettet, indem du deinen Sohn nach Kreuz und Leid von den Toten erweckt hast.
Die Frucht der Auferstehung deines Sohnes nähre uns und gebe uns Kraft in schweren Tagen.
Das gewähre uns der allmächtige Gott, der Vater und der Sohn und der Heilige Geist.

Liedvorschlag

GL 818 »Christus ist erstanden« (Eigenteil für die Diözesen Freiburg und Rottenburg-Stuttgart)
GL 222 »Nun freue dich, du Christenheit«

JOSEF SCHARL

Ich bin bei euch alle Tage
Christi Himmelfahrt

. . . .

Liturgische Eröffnung

Im Namen des Vaters …

Unser Herr Jesus Christus, dessen Himmelfahrt wir heute feiern, er sei mit euch.

Einführung

»Schaut nicht hinauf, der Herr ist hier bei uns«, so bringt ein modernes Lied Christi Himmelfahrt auf den Punkt.

Jesus hat seinen Weg vollendet, er ist zum Vater im Himmel gegangen. Die zurückgebliebenen Jünger stehen da und blicken zum Himmel. Aber nicht wie Verlassene sollen sie sich fühlen, die dem nachtrauern, was einmal gewesen ist, sondern wie Gesendete und Beauftragte, die Jesu Werk auf Erden weiterführen sollen. So sind auch wir eingeladen, mit den Augen unseres Herzens zu schauen, um Jesus in der Welt von heute zu entdecken und seinen Auftrag fortzuführen.

Kyrie-Rufe

Herr Jesus, du bist heimgegangen zum Vater.
Herr, erbarme dich unser.

Du sitzt zur Rechten des Vaters.
Christus, erbarme dich unser.

Du sendest uns deinen Geist als Beistand.
Herr, erbarme dich unser.

Vergebungsbitte

Der barmherzige Gott erbarme sich unser, er erleuchte die Augen unseres Herzens, damit wir erkennen, was recht ist und es in seinem Namen auch tun.

Gebet

Herr Jesus Christus,
auch wir kommen uns manchmal wie Verlassene vor.
Wir blicken auf zum Himmel und übersehen dabei die Menschen, die du uns zur Seite gestellt hast.
Lass uns die Hoffnung erkennen, zu der du uns berufen hast und erweise an uns deine Macht und Stärke, damit wir dich überall und in allem erkennen.

Schrifttext

LESUNG AUS DEM BRIEF AN DIE EPHESER (EPH 1,17–23)

Der Gott Jesu Christi, unseres Herrn, der Vater der Herrlichkeit, gebe euch den Geist der Weisheit und Offenbarung, damit ihr ihn erkennt. Er erleuchte die Augen eures Herzens, damit ihr versteht, zu welcher Hoffnung ihr durch ihn berufen seid, welchen Reichtum die Herrlichkeit seines Erbes den Heiligen schenkt und wie überragend groß seine Macht sich an uns, den Gläubigen, erweist durch das Wirken seiner Kraft und Stärke. Er hat sie an Christus erwiesen, den er von den Toten auferweckt und im Himmel auf den Platz zu seiner Rechten erhoben hat, hoch über alle Fürsten und Gewalten, Mächte und Herrschaften und über jeden Namen, der nicht nur in dieser Welt, sondern auch in der zukünftigen genannt wird. Alles hat er ihm zu Füßen gelegt und ihn, der als Haupt alles überragt, über die Kirche gesetzt. Sie ist sein Leib und wird von ihm erfüllt, der das All ganz und gar beherrscht.

Deutung

Dieser Lesungstext hat eigentlich die Form eines Gebetes. Hier wird um Weisheit, Offenbarung und Erkenntnis gebetet.
Eine besonders schöne Formulierung ist die Bitte um die Erleuchtung der Augen unseres Herzens. Dort, wo das normale Sehvermögen nichts mehr erkennt, wo Verstand und Denken versagen, kommt uns von Gott her eine ganz andere, tiefere Erkenntnis entgegen, das Glauben.
In diesem Glauben feiern wir heute Christus, der seinen Platz im Himmel eingenommen hat. Er ist das Haupt der Kirche und wir sind sein Leib. Er

hat uns versprochen: »Seid gewiss: Ich bin bei euch alle Tage bis zum Ende der Welt« (Mt 28,20). Als sichtbares Zeichen für sein Dasein hat er uns seine Gegenwart im Brot des Lebens hinterlassen.

Einladung zur Kommunion

In der Gewissheit, dass der Herr nun im Zeichen des Brotes unter uns ist, beten wir:
Herr, ich bin nicht würdig …
Kommunionspendung

Vaterunser

Blicken auch wir heute mit den Augen unseres Herzens auf zum Himmel und beten voll Vertrauen:
Vater unser im Himmel…

Segensbitte

Herr Jesus Christus, im Brot des Lebens bist du uns selbst Speise geworden, die uns stärkt auf dem Weg durch die Zeit.
Hilf uns, dieses Geheimnis immer tiefer zu erfassen und auch anderen von dieser Hoffnung zu erzählen, bis wir einmal alle vereint sind beim Vater.
So segne uns der allmächtige Gott, der Vater, der Sohn, der Heilige Geist.

Liedvorschlag

GL 228 »Christ fuhr gen Himmel«
GL 249 »Der Geist des Herrn« (besonders die 3. Strophe)

JOSEF WIEDERSATZ

Komm, Heiliger Geist
Pfingsten

Liturgische Eröffnung
Im Namen des Vaters …
Komm, Heiliger Geist, erfülle die Herzen deiner Gläubigen und entzünde in ihnen das Feuer deiner Liebe.

Einführung
Wenn frischer Wind in eine Sache kommt, kommt etwas in Bewegung, tut sich oft ungeahnt Neues auf und die Beteiligten bekommen neue Hoffnung. Was dem eigenen Blick verstellt war, wird einem plötzlich klar, was im Kreisen um sich selbst nicht mehr weiterging, bekommt einen Ruck nach vorne. Vielleicht können Sie auf solche Erfahrungen zurückschauen in Ihrer Lebens- und auch in Ihrer Krankheitsgeschichte und in Ihrem Glauben an Gott. Frischer Wind – manchmal rechnen wir gar nicht mehr mit ihm; wir können ihn auch nicht herbeireden.
Die Bibel spricht in diesem Bild vom Heiligen Geist. Am Pfingsttag soll es regelrecht gestürmt haben, als er über die versammelten Jünger herabkam. Nach Jesu Tod, Auferstehung und Himmelfahrt waren sie gelähmt und wie verwaiste Kinder. »Sie verharrten einmütig im Gebet«, heißt es in der Apostelgeschichte – bis frischer Wind in sie hineinfuhr, bis Gottes Schöpfer-Geist sie neu beseelte und mit seinem Feuer neues Leben entfachte. Wir feiern Pfingsten nicht nur im Blick auf damals. Auch heute erfüllt sich die Bitte: » Komm, Heiliger Geist«. So rufen wir zum Herrn:

Kyrie-Rufe
GL 246 »Send uns deines Geistes Kraft«

Vergebungsbitte
Der Herr erbarme sich unser. Er nehme sich unserer Schwachheit an, verzeihe uns Sünde und Schuld und erfülle uns neu mit Geist und Leben.

Gebet

Komm, Heiliger Geist,
du Tröster der Betrübten und Beistand in der Not,
der du von Sünden reinigst und Wunden heilst.
Komm, Lehrer der Demütigen und Richter der Stolzen.
Komm, Hoffnung der Armen, Kraft der Müden.
Komm, kostbarer Schmuck im Leben, letzter Halt im Sterben.
Komm, Heiliger Geist, und erbarme dich unser.
Mach uns bereit für dich.
Du bist groß, wir sind klein.
Du bist stark, wir sind schwach.
Schenk uns den Reichtum deines Erbarmens.
nach Johannes von Fécamp († 1078)

Text

GL 244 »Komm herab, o Heilger Geist« (Pfingstsequenz)
Meditation zur Pfingstsequenz siehe S. 159.

Einladung zu Kommunion

Jesus Christus stärkt uns durch seinen Geist und seine Gegenwart im Zeichen des Brotes. Ihm öffnen wir unser Herz und bitten:
Herr, ich bin nicht würdig …
Kommunionspendung

Vaterunser

Im Geist und Auftrag Jesu beten wir mit seinen Worten:
Vater unser im Himmel …

Segensbitte

Du weißt alles, o Gott, du weißt um unsere Sehnsucht, du weißt, wie sehr wir dich brauchen, um lieben und leben zu können. So sende uns deinen Geist und gib uns deinen Segen. Der Segen des lebendigen Gottes, des Vaters und des Sohnes und des Heiligen Geistes komme auf uns herab und bleibe bei uns allezeit.

Liedvorschlag

GL 245 »Komm, Schöpfer Geist, kehr bei uns ein«

MARGRET SCHÄFER-KREBS

Eingeladen zur Erneuerung
Pfingsten

. . . .

Liturgische Eröffnung

»Erschaffe mir, Gott, ein reines Herz und gib mir einen neuen, beständigen Geist. Denn bei dir ist die Quelle des Lebens, in deinem Licht schauen wir das Licht« (Ps 51,12; Ps 36,10).
Im Namen des Vaters …

Einführung

Wir sind zusammen im Namen Gottes, der das Leben und die Liebe ist. Wir versammeln uns im Namen Jesu Christi, der gekommen ist, damit wir das Leben haben und es in Fülle haben. Wir vertrauen auf die Kraft des Heiligen Geistes, der Trost und Zuversicht schenkt und uns hineinnimmt in eine neue Schöpfung. Zum Pfingstfest feiern wir die Fülle der Liebe Gottes und sind eingeladen, teilzuhaben an der Kraft der Erneuerung. Gerade auch in der Erfahrung von Krankheit und Ohnmacht dürfen wir trinken von der Quelle göttlicher Tröstung.

Kyrie-Ruf

Herr Jesus Christus, du sendest den Beistand, den Heiligen Geist.
Herr, erbarme dich.

Du bist die Quelle des Friedens und der Versöhnung.
Christus, erbarme dich.

In deiner Verherrlichung und in der Kraft deines Geistes schenkst du uns den immer neuen Anfang.
Herr, erbarme dich.

Vergebungsbitte

Es erbarme sich unser der allmächtige Gott. Das Licht seines Geistes erhelle unseren Weg.

Gebet

Gott, du nimmst uns hinein in den Fluss deiner Liebe. Das Wasser des Lebens entspringt deiner Schöpferkraft. In dir sind wir geborgen, in dir leben und sind wir. In deiner Barmherzigkeit erneuerst du alles, was du geschaffen hast. So bringen wir (in unserer Krankheit) auch unsere Schwachheit und unser Elend vor dich. Erneuere uns in deiner Kraft und lass uns kosten und schmecken die Früchte des Heiligen Geistes: Frieden und Heil, Stärke und Trost, Dankbarkeit und Vertrauen.

Schrifttext

AUS DEM HEILIGEN EVANGELIUM NACH JOHANNES (JOH 7,37–39)

Am letzten Tag des Festes, dem großen Tag, stellte sich Jesus hin und rief: Wer Durst hat, komme zu mir, und es trinke, wer an mich glaubt. Wie die Schrift sagt: Aus seinem Inneren werden Ströme von lebendigem Wasser fließen. Damit meinte er den Geist, den alle empfangen sollten, die an ihn glauben; denn der Geist war noch nicht gegeben, weil Jesus noch nicht verherrlicht war.

Deutung

Der Geist ist gegeben, weil Jesus verherrlicht ist. So können wir dieses Evangelienwort im Glauben weiterlesen. Im Pfingstfest ist uns dieser neue Anfang geschenkt. Im Glauben an die barmherzige Liebe Gottes, die sich machtvoll erweist in der Menschwerdung, im Sterben und der Auferstehung Jesu Christi, haben wir teil an dieser neuen Schöpfung. Dieser Glaube ist wie eine Quelle, die Trübsal und Schuld von innen her heilt.

In Gottes Kraft und Liebe sind wir neu geboren. Findet hier nicht alle Sehnsucht der Herzen eine Antwort? Wir kennen Mutlosigkeit und Angst, Verzweiflung und Resignation. Doch uns ist auch das Wort Jesu zugesprochen: »Kommt alle zu mir, die ihr mühselig und beladen seid, ich will euch erquicken« (Mt 11,28) und ebenso das Wort des Apostels Paulus: »Gott hat uns nicht den Geist der Verzagtheit gegeben, sondern den Geist der Kraft, der Liebe und der Besonnenheit« (2 Tim 1,7). So wird in uns das Wort Gottes selbst zu einer Quelle, aus der wir in reichem Maße schöpfen können. Wir dürsten nach Worten, die uns gut tun und uns Kraft zum Leben und auch zum Sterben geben: nach einem Wort der Ermutigung und des Trostes, nach Worten der Anerkennung und Wertschätzung. Im lebendigen Wort Jesu Christi sind sie ausgesprochen und immer neu in unsere Herzen gelegt.

Einladung zur Kommunion

Im Zeichen des Brotes wird der Auferstandene in seinem Wesen erfahrbar. Er schenkt sich zur Speise und zum Trank. In ihm werden wir zur Quelle des Lebens geführt und sind in seinem Geist zu einer neuen Gemeinschaft verbunden.
Wir öffnen uns dem Geheimnis seiner Zuwendung und danken für die Kraft der Erneuerung und die Einladung zu den immer neuen Anfängen in unserem Leben.
Kommunionspendung

Vaterunser

Zu Gott, unserem Vater, der seinen Geist in uns lebendig werden lässt, wollen wir beten:
Vater unser im Himmel …

Segensbitte

Gott segne und behüte uns, er bewahre uns in seinem Frieden und führe uns immer neu zu den Quellen des Heiles. Gott gebe uns die Kraft und den Mut, Veränderungen anzunehmen und auf die Erneuerung zu vertrauen, die in der Liebe Gottes im Wirken seines Geistes geschenkt ist.
So segne uns der barmherzige Gott, der Vater, der Sohn und der Heilige Geist.

Liedvorschlag

GL 106,3–5 »Aus Gestein und Wüstensand«

JOHANNES GANS

Im Jahreskreis und zu besonderen Festen

Gott stärkt die Erschöpften
Jahreskreis

. . . .

Liturgische Eröffnung
Im Namen des Vaters …
Der Herr, der den Erschöpften Kraft gibt und den Lebensmüden beisteht, sei mit euch.

Einführung
Sie haben in Ihrem Leben schon viel geleistet, sich um vieles gekümmert. Jetzt sind Sie krank geworden. Sie können das nur schwer verstehen und fragen sich: »Warum ich? Womit habe ich das verdient?« Die Krankheit hat Sie schwer getroffen. Sie sind müde. Sie erwarten nichts mehr. Aber vielleicht gibt es noch ein Fünkchen Hoffnung. Vielleicht spüren Sie, dass Sie in Ihrer misslichen Lage nicht von Gott verlassen sind. Gott ist treu. Durch den Empfang des heiligen Brotes werden Sie vom Himmel her gestärkt.
Zu dir, Herr, der du die Kranken in ihrer Not siehst und begleitest, wollen wir rufen:

Kyrie-Rufe
Herr Jesus Christus, du bist uns nahe, wenn wir uns einsam und verlassen fühlen.
Herr, erbarme dich.

Du sprichst zu uns Worte, die die Seele erwärmen und erleuchten.
Christus, erbarme dich.

Du reichst uns den Becher voller Labsal.
Herr, erbarme dich.

Vergebungsbitte

Der menschenfreundliche Gott erbarme sich unser. Er schenke uns Ruhe und Frieden.

Gebet

Gott und Vater,
in guten Jahren denken wir selten an dich. Wir behandeln dich wie jemanden, den man einfach rufen kann, wenn man ihn braucht. In Zeiten der Krankheit erfahren wir, dass du immer schon um uns gewesen bist. Wenn wir mehr und mehr deine Hilfe nötig haben, spüren wir deine Hand, die uns behutsam lenkt, die uns wohltuend Kraft gibt. Es ist gut, dass es dich gibt. Ohne dich könnten wir nicht weiterleben.
Bleibe bei uns in deinem Sohn, Jesus Christus.

Schrifttext

LESUNG AUS DEM ERSTEN BUCH DER KÖNIGE (1 KÖN 19,4–8)

Der Prophet Elija ging eine Tagereise weit in die Wüste hinein. Dort setzte er sich unter einen Ginsterstrauch und wünschte sich den Tod. Er sagte: Nun ist es genug, Herr. Nimm mein Leben; denn ich bin nicht besser als meine Väter. Dann legte er sich unter den Ginsterstrauch und schlief ein. Doch ein Engel rührte ihn an und sprach: Steh auf und iss! Als er um sich blickte, sah er neben seinem Kopf Brot, das in glühender Asche gebacken war, und einen Krug mit Wasser. Er aß und trank und legte sich wieder hin. Doch der Engel des Herrn kam zum zweiten Mal, rührte ihn an und sprach: Steh auf und iss! Sonst ist der Weg zu weit für dich. Da stand er auf, aß und trank und wanderte, durch diese Speise gestärkt, vierzig Tage und vierzig Nächte bis zum Gottesberg Horeb.

Deutung

Was braucht ein Mensch, der sich vollkommen verausgabt hat? Er sehnt sich nach Ruhe. Der Prophet Elija hat bis zum Umfallen gekämpft für die Sache Gottes, für die Ordnung, die den Israeliten am Berg Sinai gegeben worden ist. Doch das Gottesvolk, allen voran das Königshaus, hat sich den Fruchtbarkeitsgöttinnen der umliegenden Völker zugewandt. Elija wird verfolgt und mit dem Tod bedroht. Er flieht in die Wüste. Er will vergessen. Er schläft ein. Gott schickt seinen Engel, der versucht, Elija zu wecken und wieder auf die Beine zu bringen. Doch es bedarf eines zweiten Versuchs des Engels, bis sich der Prophet wieder auf den Weg macht. Gott ist hartnäckig, wenn es darum geht, einen Menschen zu retten, herauszuholen aus der Kraftlosigkeit und Verzweiflung.

Einladung zur Kommunion

Christus gibt sich uns als Speise, wenn wir müde und mit Sorgen beladen sind.
Seht das Lamm Gottes ...
Herr, ich bin nicht würdig ...
Kommunionspendung

Vaterunser

Lasst uns beten zu Gott, unserem Vater, der uns stärkt und aufrichtet:
Vater unser im Himmel ...

Segensbitte

Guter Gott, du liebst die Menschen, so wie sie sind. Du siehst voll Güte auf ihre Schwächen.
Dein Trost lindere unsere Schmerzen. Deine Nähe gebe uns Kraft und frischen Mut.
Das gewähre uns der allmächtige Gott, der Vater und der Sohn und der Heilige Geist.

Liedvorschlag

GL 621 »Ich steh vor dir mit leeren Händen, Herr«

JOSEF SCHARL

Was wir verschenken, geht nicht verloren
Jahreskreis

. . . .

Liturgische Eröffnung

Im Namen des Vaters …

Unsere Hilfe ist im Namen des Herrn.

Der Himmel und Erde erschaffen hat.

Einführung

(Ich sehe in Ihrem Zimmer, dass Sie Freude an … [Gegenstände benennen] haben und ein paar schöne Exemplare davon gesammelt haben.)
Dinge zu sammeln gehört zu den Hobbys vieler Menschen. Angefangen von Bierdeckeln über Kaffeetassen bis hin zu teureren Dingen wie etwa Antiquitäten oder Bilder. Es gibt fast nichts, was man nicht sammeln könnte. Eine gute Sammlung ist eine Bereicherung und kann eine gewisse Altersvorsorge sein. Und sie sagt einiges über den Sammler oder die Sammlerin aus.
In dem Bibeltext, den ich Ihnen heute vorlese, heißt es: »Sammelt euch nicht Schätze hier auf der Erde, wo Motte und Wurm sie zerstören, sondern sammelt euch Schätze im Himmel.« Das mag zunächst nach »Spaß verderben« klingen. Ich höre in diesem Satz auch eine Sorge Gottes um unser Herz. Auf was bauen wir und woran finden wir letztlich Halt?
Alles Schöne und Gute, das wir genießen und woran wir uns freuen dürfen, zerrinnt uns früher oder später unter den Fingern, wenn wir es für uns alleine behalten wollen. Schätze für den Himmel sammeln heißt, mit dem was wir haben, Gutes tun. Wo dein Schatz ist, da ist auch dein Herz. Gott möchte, dass unser Herz bei ihm ist, denn in seinem Sohn hat er uns sein Herz geschenkt. Öffnen wir uns ihm, der uns in dieser Kommunionfeier ein großes Zeichen seiner Liebe anvertraut.

Kyrie-Rufe

Herr Jesus, du schaust auf uns voll Erbarmen und Güte.

Herr, erbarme dich.

Herr Jesus, schenkst uns den Reichtum deiner Liebe.
Christus, erbarme dich.

Herr Jesus, du bist bei uns alle Tage unseres Lebens.
Herr, erbarme dich.

Vergebungsbitte

Der Herr erbarme sich unser. Er erlöse uns aus aller Angst, Schuld und Not und erfülle uns mit seinem Trost und Frieden.

Gebet

Gott, unser Vater,
es gibt Tage, an denen wir uns schwer tun, mit den Einschränkungen einer Krankheit zu leben. Das Angewiesensein auf Hilfe, Schmerzen und die Ungewissheit machen uns zu schaffen. Zweifel und Sorgen treiben uns um. Bei allem Grübeln und Nachdenken wird es oft noch dunkler in unserem Herzen. Alleine fühlen wir uns machtlos und hilflos.
Wir bitten dich um deine Nähe. Lass dein Licht in unsere Herzen fallen, nimm uns an der Hand und führe uns auf unserem Weg zu dir.
Darum bitten wir durch Christus, unseren Bruder und Herrn.

Schrifttext

AUS DEM HEILIGEN EVANGELIUM NACH MATTHÄUS (MT 6,19–23)

Sammelt euch nicht Schätze hier auf der Erde, wo Motte und Wurm sie zerstören und wo Diebe einbrechen und sie stehlen, sondern sammelt euch Schätze im Himmel, wo weder Motte noch Wurm sie zerstören und keine Diebe einbrechen und sie stehlen. Denn wo dein Schatz ist, da ist auch dein Herz.
Das Auge gibt dem Körper Licht. Wenn dein Auge gesund ist, dann wird dein ganzer Körper hell sein. Wenn aber dein Auge krank ist, dann wird dein ganzer Körper finster sein. Wenn nun das Licht in dir Finsternis ist, wie groß muss dann die Finsternis sein!

Deutung

Tage und Zeiten der Krankheit lassen uns manches anders sehen. Kleinigkeiten, die wir früher übersehen haben oder die vielleicht selbstverständlich waren, werden kostbarer. Was uns zu anderen Zeiten groß und wichtig erschienen ist, mag momentan klein und unbedeutend sein. Wir hoffen, manche Menschen öfter oder noch einmal zu sehen. Von manchen oder manchem können wir uns auch getrost verabschieden und brauchen es nicht mehr vor Augen zu haben.
Der Satz aus dem Matthäusevangelium vom gesunden und vom kranken Auge beschreibt, wie es um unser Leben und unser Inneres bestellt ist. Jesus spricht von einem aufrichtigen und einem bösen Auge. Böse Augen können das Gute nicht mehr sehen, sie sind getrübt von Neid und Eifersucht, von Habgier und Geiz. Das innere Licht eines Menschen wird verdunkelt durch falsches Sorgen und Selbstsucht. Was wir so gewinnen, hat keinen Bestand. Ein aufrichtiges Auge sieht nicht nur sich. Es kann Wichtiges von Unwichtigem unterscheiden, es sieht und empfängt auch in unscheinbaren Dingen und Gesten etwas von Gottes Güte und Segen. Was unser Leben reich macht, ist schenken und beschenkt werden. Darin spiegelt sich Gottes Liebe zu uns. Diesen Schatz sollten wir immer im Auge behalten.

Einladung zur Kommunion

Seht Christus, als Brot für Seele und Leib, er ist das Lamm Gottes, das die Sünde der Welt hinwegnimmt.
Herr, ich bin nicht würdig …
Kommunionspendung

Vaterunser

Beten wir in unseren Anliegen und um das, was wir zum Leben brauchen, mit den Worten Jesu.
Vater unser im Himmel …

Segensbitte

Gott segne uns und behüte uns.

Gottes Wort leuchte uns den Weg.
Gottes Geist sei uns Schutz und Schirm vor aller Dunkelheit.
Er stärke und helfe uns zu allem Guten.
So segne uns Gott, unser Vater, der Sohn und der Heilige Geist.

Liedvorschlag

GL 621 »Ich steh vor dir mit leeren Händen, Herr«
GL 554,1–4 »Wie schön leuchtet der Morgenstern«

MARGRET SCHÄFER-KREBS

Jesus, beruhige unsere Herzen!
Jahreskreis

. . . .

Liturgische Eröffnung

Beginnen wir unsere Feier im Namen dessen, der immer und überall bei uns ist, auch wenn wir ihn manchmal nicht wahrnehmen können.
Im Namen des Vaters …

Einführung

Sie, N. N., erfahren gerade in diesen Tagen, dass Krankheit, Leid und Angst Ihr Leben bedrohen. Vielleicht haben Sie manchmal das Gefühl, allein gelassen zu sein. Jesus, unser Bruder und Herr, ist jetzt bei uns, in unserer Mitte. Ihm dürfen wir anvertrauen, was wir auf dem Herzen haben. Ihn dürfen wir um sein Erbarmen bitten.

Kyrie-Rufe

Herr Jesus Christus, zu dir dürfen wir kommen mit dem, was wir auf dem Herzen haben.
Herr, erbarme dich.

Herr Jesus Christus, an dir dürfen wir uns festmachen, wenn wir Angst haben.
Christus, erbarme dich.

Herr Jesus Christus, auf dich können wir unsere Hoffnung setzen.
Herr, erbarme dich.

Vergebungsbitte

Herr, erbarme dich unser. Nimm von uns die Angst, die uns nicht mehr leben lässt. Gib uns Sicherheit und Halt an deiner Seite und führe uns zum Leben in dieser Welt und in deinem Reich.

Gebet

Gott,
unser Leben liegt in deiner Hand, auch wenn durch Krankheit, Leid und durch die Gebrechen des Alters alles ins Wanken gerät.
Stärke in uns das Vertauen auf deine Gegenwart und beruhige unsere aufgewühlten Herzen.
Darum bitten wir durch Jesus Christus, unseren Bruder und Herrn.

Schrifttext

AUS DEM HEILIGEN EVANGELIUM NACH MARKUS (MK 4,35–41)

Am Abend dieses Tages sagte er zu ihnen: Wir wollen ans andere Ufer hinüberfahren. Sie schickten die Leute fort und fuhren mit ihm in dem Boot, in dem er saß, weg; einige andere Boote begleiteten ihn. Plötzlich erhob sich ein heftiger Wirbelsturm, und die Wellen schlugen in das Boot, sodass es sich mit Wasser zu füllen begann. Er aber lag hinten im Boot auf einem Kissen und schlief. Sie weckten ihn und riefen: Meister, kümmert es dich nicht, dass wir zugrunde gehen? Da stand er auf, drohte dem Wind und sagte zu dem See: Schweig, sei still! Und der Wind legte sich, und es trat völlige Stille ein. Er sagte zu ihnen: Warum habt ihr solche Angst? Habt ihr noch keinen Glauben? Da ergriff sie große Furcht, und sie sagten zueinander: Was ist das für ein Mensch, dass ihm sogar der Wind und der See gehorchen?

Deutung

Jesus schläft im Boot, während seine Jünger Angst haben. Allein gelassen fühlen sie sich. Sie wissen nicht mehr, wie sie sich helfen sollen. Sie sehen nur noch den einen Ausweg: ihn zu wecken.
Uns kommt es vielleicht auch manchmal so vor, als ob Jesus gerade schlafen würde, während wir geplagt werden von Krankheit und Leid. Gerade in den Tagen der Krankheit oder in den Gebrechen des Alters fühlen Menschen sich allein und wissen nicht mehr, wie sie sich helfen sollen.
Die Jünger wecken Jesus, rufen ihn, dass er zu Hilfe kommt. Und er bringt den Sturm zum Schweigen, sodass der See still wird. An Jesu kön-

nen sie sich wenden, an ihm können sie sich mit ihrer Angst festhalten, auf ihn können sie ihre Hoffnung setzen.
Wenn wir ihn bitten »Herr, kümmert es dich nicht, dass ich untergehe? Hilf mir doch!«, dann beruhigen sich vielleicht nicht die Stürme unseres Lebens, aber unser Herz kann zur Ruhe kommen. Wir spüren, dass da jemand ist, an dem wir uns festhalten können.

Einladung zur Kommunion
»Ich bin bei euch alle Tage, bis ans Ende der Welt«, sagt Jesus zu seinen Jüngern. Diese Zusage gilt auch für uns, für Sie ganz persönlich: Ich bin bei dir an allen Tagen deines Lebens, auch heute und morgen.
Kommunionspendung

Vaterunser
Beten wir mit den Worten, die Jesus, unser Bruder und Herr, selbst mit uns betet:
Vater unser im Himmel …

Segensbitte
Der barmherzige Gott segne und behüte uns. Er gebe uns Sicherheit und Halt an seiner Seite. Er beruhige unsere aufgewühlten Herzen.
Im Namen des Vaters und des Sohnes und des Heiligen Geistes.

Liedvorschlag
GL 291 »Wer unterm Schutz des Höchsten steht«
GL 304,1.3 »Zieh an die Macht, du Arm des Herrn«

UDO HERMANN

Dein Glaube hat dir geholfen

Jahreskreis

Liturgische Eröffnung

Beginnen wir unsere Feier im Namen des Vaters …

Einführung

»Warum ich? Andere, die sich ihr Leben lang nicht um Gott gekümmert haben, denen geht es gut.« Das ist eine Frage, die mich jedes Mal aushebelt. Denn ich weiß keine Antwort. Es ist sozusagen die Urfrage des leidenden Menschen.

Ich kann mich an dieser Frage wund reiben, mit dem Kopf durch die Wand gehen – oder zu einer veränderten Sicht kommen, um leben zu können. Das heutige Evangelium vom blinden Bettler Bartimäus möchte uns Durchblick verschaffen. Rufen wir den Herrn um sein Erbarmen an:

Kyrie-Rufe

Herr, ich erhebe meine Stimme zu dir.
Herr, erbarme dich.

Herr, Verbitterung droht mich zu überfluten.
Christus, erbarme dich.

Herr, ich möchte wieder sehen können.
Herr, erbarme dich.

Vergebungsbitte

Der allmächtige Gott, er erbarme sich unser. Er lasse uns die Sünde nach und führe uns zum ewigen Leben.

Gebet

Herr,
Bartimäus hat sein Elend herausgeschrien. In aller Öffentlichkeit.

Ich möchte das am liebsten auch manchmal tun, denn ich habe Angst. Ich habe Schmerzen. Ich weiß nicht, wie es weitergeht.
Herr, wende doch dein Ohr mir zu. Erhöre mich bald, so wie damals den blinden Bartimäus.
Das erbitte ich im Namen des dreieinigen Gottes: des Vaters, des Sohnes und des Heiligen Geistes.

Schrifttext

AUS DEM HEILIGEN EVANGELIUM NACH MARKUS (MK 10,46–52)
Sie kamen nach Jericho. Als er mit seinen Jüngern und einer großen Menschenmenge Jericho wieder verließ, saß an der Straße ein blinder Bettler, Bartimäus, der Sohn des Timäus. Sobald er hörte, dass es Jesus von Nazaret war, rief er laut: Sohn Davids, Jesus, hab Erbarmen mit mir! Viele wurden ärgerlich und befahlen ihm zu schweigen. Er aber schrie noch viel lauter: Sohn Davids, hab Erbarmen mit mir! Jesus blieb stehen und sagte: Ruft ihn her! Sie riefen den Blinden und sagten zu ihm: Hab nur Mut, steh auf, er ruft dich. Da warf er seinen Mantel weg, sprang auf und lief auf Jesus zu. Und Jesus fragte ihn: Was soll ich dir tun? Der Blinde antwortete: Rabbuni, ich möchte wieder sehen können. Da sagte Jesus zu ihm: Geh! Dein Glaube hat dir geholfen. Im gleichen Augenblick konnte er wieder sehen, und er folgte Jesus auf seinem Weg.

Deutung

Schon wieder eine von diesen Heilungsgeschichten, bei denen sich die Adressaten und ich fragen: Warum ist heute Heilung nicht mehr so möglich wie zu Jesu Zeiten?
Was sage ich denen, die durch Diabetes, eine Erbkrankheit oder durch einen Unfall ihr Augenlicht verloren haben oder noch nie sehen konnten? Ein Blick über die Bibelstelle hinaus hat mir, die ich sehend bin, die Augen geöffnet: Es ist eine bittere Pille, die Jesus seinen Jüngern zu schlucken gibt. Eben noch malen sie sich aus, wie schön sie es links und rechts neben Jesus in seinem Reich haben wollen. Doch Jesus schwört sie stattdessen aufs Leiden ein: Wer Erster sein will, muss ein Diener, ja Sklave sein und leiden können wie er (Mk 10,35–45).

Offensichtlich wissen die Jünger noch nicht so ganz, in was sie sich da eingekauft haben. Jesus öffnet ihnen die Augen und konfrontiert sie mit der Realität. Augen öffnen – da wären wir wieder beim Stichwort »blinder Bartimäus«.
Viele Menschen befinden sich in einer ähnlichen Situation wie die Jünger: Sie stoßen in ihrem Leben auf Grenzen; Freundschaften oder Beziehungen scheitern, Alltagssorgen machen das Leben trist oder Menschen sehen sich unvermittelt mit dem Tod oder einer schlimmen Krankheit konfrontiert – Dinge, die sie mit Gott hadern und fragen lassen: »Warum ich?«
Warum das Leben so schwer ist, warum Jesus und die Jünger so leiden müssen, sagt Jesus nicht. Es ist so! Vielleicht sind wir jetzt in einer Situation wie der blinde Bartimäus: Leer, ratlos, allein und bedürftig. Der Bettler schreit: »Hab Erbarmen mit mir!« Jesus wendet sich Bartimäus zu und fragt: »Was soll ich dir tun?«
Jesus sieht den Menschen! Allein eine solche Frage kann schon Balsam für die Seele sein.
Der Wunsch des Bartimäus, wieder sehen zu können, wird von Jesus zweifach gelobt: »Dein Glaube hat dir geholfen.« Einmal, weil Bartimäus wirklich daran glaubt, dass Jesus ihn heilen kann. Zum anderen, weil Bartimäus verstehen will, was es mit der Nachfolge auf sich hat. Er möchte es verstehen, damit er nachfolgen kann.
Wenn wir angesichts unseres eigenen Leidens oder der zahlreichen Leiden um uns herum zu resignieren drohen, dann möge Jesus uns die Augen öffnen, damit wir verstehen; dann möge er uns Gutes tun, damit wir leben können.

Einladung zur Kommunion

»Hab Mut, steh auf, er ruft dich.« Mit diesen Worten sind auch wir eingeladen, zu Gott zu kommen und uns im Mahl von ihm stärken zu lassen.

Kommunionspendung

Vaterunser

Unsere Bitten und unser Vertrauen können wir in das Gebet legen, das Jesus seine Jünger gelehrt hat.
Vater unser im Himmel …

Segensbitte

Herr, unser Gott. In einem Psalm hören wir: Du hast deinen Engeln befohlen, uns zu behüten auf all unseren Wegen.
Es gibt keinen Weg, den wir ohne dich gehen müssten. So segne und behüte uns, unsere Familien und alle, die uns am Herzen liegen, der dreieinige Gott: der Vater, der Sohn und der Heilige Geist.

Liedvorschlag

GL 302 »Erhör, o Gott, mein Flehen«

CHARLOTTE SCHULZ

Voll Hoffnung glauben?
Jahreskreis

. . . .

Liturgische Eröffnung

Im Namen des Vaters …
Gottes Liebe und Nähe sei mit Ihnen/euch.

Einführung

Hoffnung und Verzweiflung leben eng beieinander hier im Krankenhaus/in diesem Krankenzimmer. Hoffnung und Verzweiflung – was überwiegt gerade bei Ihnen?
Gerade, wenn das Leben zur Last wird, fällt es uns schwer, zu hoffen und zu glauben, dass Gott da ist. Zu groß sind unsere eigenen Sorgen, zu sehr meinen wir vielleicht, dass niemand uns helfen kann.
So wie wir sind, mit unserer Verzweiflung und Angst und mit unserer Hoffnung und Zuversicht, so sind wir Gott wichtig. Verbinden wir uns mit ihm und rufen wir ihn an durch Jesus Christus.

Kyrie-Ruf

Herr Jesus Christus, in dir ist uns Gott ganz nahe.
Herr, erbarme dich.

Du hast Leid und Tod durchlitten.
Christus, erbarme dich.

Du nimmst uns mit hinein in dein neues Leben.
Herr, erbarme dich.

Vergebungsbitte

Der Herr erbarme sich unser. Er nehme von uns den Druck der Verzweiflung und Schuld und schenke uns Befreiung, die aufatmen und leben lässt.

Gebet

Großer Gott,
du bist uns Zuflucht und Burg. So beteten Menschen aller Zeiten zu dir und so wenden wir uns heute an dich. Du bist uns Zuflucht und Burg. Wenn wir nicht mehr weiter wissen, dürfen wir zu dir kommen.
Wir bitten dich: Berge uns in deiner Gegenwart. Ermutige uns durch dein Wort. Stärke uns durch die Gemeinschaft deines Mahles.
Darum bitten wir im Heiligen Geist durch Jesus Christus, unseren Bruder und Herrn.

Schrifttext

LESUNG AUS DEM BRIEF DES APOSTELS PAULUS AN DIE RÖMER (RÖM 4,18–24)

Gegen alle Hoffnung hat Abraham voll Hoffnung geglaubt, dass er der Vater vieler Völker werde, nach dem Wort: So zahlreich werden deine Nachkommen sein. Ohne im Glauben schwach zu werden, war er, der fast Hundertjährige, sich bewusst, dass sein Leib und auch Saras Mutterschoß erstorben waren. Er zweifelte nicht im Unglauben an der Verheißung Gottes, sondern wurde stark im Glauben, und er erwies Gott Ehre, fest davon überzeugt, dass Gott die Macht besitzt zu tun, was er verheißen hat. Darum wurde der Glaube ihm als Gerechtigkeit angerechnet. Doch nicht allein um seinetwillen steht in der Schrift, dass der Glaube ihm angerechnet wurde, sondern auch um unseretwillen; er soll auch uns angerechnet werden, die wir an den glauben, der Jesus, unseren Herrn, von den Toten auferweckt hat.

Deutung

Wenn einem eine solche Glaubensgröße wie Abraham vor Augen gestellt wird, kann es leicht passieren, dass dieses Vorbild weniger aufbaut als vielmehr einem die eigene Schwäche noch deutlicher macht. Als »stark im Glauben« wird Abraham beschrieben, als einer, der »voll Hoffnung geglaubt« hat, und das noch »gegen alle Hoffnung«. Unerreichbar scheint uns eine solche Haltung, vor allem dann, wenn die eigene Hoffnung klein und der eigene Glaube schwach ist.

Wie war das mit Abraham? Die Bibel erzählt, wie Abraham von Gott den Auftrag erhält, seine Heimat zu verlassen, und wie Gott ihm zusagt, ihn zu segnen und zu einem großen Volk zu machen. Dass diese Zusage Wirklichkeit wird, dafür hat Abraham keinen Beweis, keine Garantie, nur seine eigene Hoffnung, seine Überzeugung, dass Gott zu seinem Wort steht. Damit hat sich Abraham aufgemacht in eine sehr ungewisse, unsichere Zukunft.
Ein Wort der Verheißung braucht es also, um im Glauben aufbrechen zu können. Ein Wort der Verheißung, um hoffen zu können, wenn das Leben schwer wird und die Krankheit quält. Vielleicht ist solch ein Wort nicht eine große Zusage wie bei Abraham, sondern ein ganz menschliches »Ich bin bei dir«, vielleicht eine Hand, die die eigene hält. Vielleicht ist es nicht das Vertrauen darauf, dass vordergründig alles gut wird, aber darauf, dass es Gott gut mit mir meint und mich über Höhen und durch Tiefen begleitet. Vielleicht ist es der Blick auf Jesus Christus, der für die Kleinen und Schwachen da war und selbst durch Leid und Tod ging.
Solchen Glauben kann ich nicht machen. Ich kann ihn nur leben, Schritt für Schritt wagen, mich darauf einlassen und auch aushalten, wenn immer wieder Zweifel kommen.

Einladung zur Kommunion

In einem Stück Brot kommt Jesus Christus uns nah und gibt uns Kraft für unseren Weg. Diesem Geheimnis können wir uns nur glaubend anvertrauen.

Kommunionspendung

Vaterunser

Ein Gebet voll Vertrauen und Hoffnung, das ist das Vaterunser. Es gibt Halt, wenn die eigenen Worte fehlen und verbindet uns mit unzähligen Menschen, die wie wir auf einem Weg ins Ungewisse sind.
Vater unser im Himmel …

Segensbitte

Gott,
segne uns mit deinem Wort, das uns herausruft,
mit deiner Kraft, die uns aufbrechen lässt,
mit deiner Nähe, die uns begleitet.
So segne uns Gott, der Vater und der Sohn und der Heilige Geist.

Liedvorschlag

GL 295 »Wer nur den lieben Gott lässt walten«

BEATE JAMMER

Herabgekommen
Fronleichnam

. . . .

Liturgische Eröffnung

Unser Herr Jesus Christus, der bei uns ist im Zeichen des Brotes, kehrt ein in dieses Haus.
Er selbst, in seiner heilsamen Kraft, sei mit euch allen.

Einführung

Wir feiern in diesen Tagen Fronleichnam, das Hochfest des Leibes und Blutes unseres Herrn Jesus Christus. Wir verehren das Brot als Nahrung für Leib und Seele. Wir erfahren im Brot das Geschehen der Wandlung, durch das der Tod ins Leben gewandelt wird. Wir kosten das Brot auch als Vorgeschmack der Vollendung. So wenden wir uns in dieser Feier an unseren Herrn Jesus Christus und rufen ihn um sein Erbarmen an.

Kyrie-Rufe

Das Korn zum Brot wächst aus der Erde, braucht Wasser und Sonne vom Himmel. So braucht der Mensch den himmlischen Segen.
Herr, erbarme dich.

Der Teig für das Brot wird geknetet, geschlagen und geformt zu einem schönen Laib. So wird der Mensch geknetet, geformt, geschlagen und gewinnt seine Gestalt.
Christus, erbarme dich.

Das Brot wird gebacken, geht auf, wird fest und nahrhaft dem Hungrigen. So verzehrt sich der Mensch als tägliches Brot für die Seinen.
Herr, erbarme dich.

Vergebungsbitte

Der allmächtige Gott erbarme sich unser, er lasse uns wachsen in der Liebe, damit auch wir Brot werden für die Bedürftigen dieser Welt.

Gebet

Herr, Jesus Christus,
du wolltest bei den Menschen bleiben im Zeichen des Brotes. Mit der Nahrung für den Leib wolltest du auch die Seele stärken und den ganzen Menschen aufrichten.
Darum bitten wir: Nimm dem Leib die Schwäche und stärke ihn mit der Kraft des Brotes. Nimm der Seele das Schwere und mache sie leicht durch die Freundlichkeit des Himmels.
Sei unter uns und bleibe bei uns, jetzt und für alle Zeit und Ewigkeit.

Schrifttext

AUS DEM HEILIGEN EVANGELIUM NACH JOHANNES (JOH 6,51)
Ich bin das lebendige Brot, das vom Himmel herabgekommen ist. Wer von diesem Brot isst, wird in Ewigkeit leben.

Deutung

Es ist schwer, wenn ein Mensch nicht mehr stehen kann. Wenn er seinen Besuch im Sitzen empfangen muss. Es ist noch schwerer, wenn ein Mensch nur noch liegen kann. Wer sich mit ihm unterhalten will, muss sich zu ihm herabbeugen und er selbst muss aufschauen. Herabschauen kann sehr demütigend sein. Es kann auch sehr liebevoll sein. Aufschauen kann sehr vorwurfsvoll sein, es kann auch ganz ehrfürchtig sein. Christus sagt: Er ist im Brot herabgekommen. Er ist der Gott auf Augenhöhe mit uns. Von ganz oben herab ist er gekommen, vom Himmel, um mit uns zu sein, auf gleicher Ebene.
Gott ist im Brot, ganz unabhängig davon, ob und wie intensiv wir das glauben können. Die Kraft zum Glauben wird ja oft genug von der Krankheit aufgezehrt. Es ist ganz gleichgültig, wie viel an Glaube, an Frömmigkeit, an Gedanken ein kranker Mensch aufbringen kann, das Brot nährt den Leib, es schlägt an, der Leib weiß von selbst, was er mit dem Brot anfangen soll. So ist es erst recht mit diesem Brot. Es nährt, es schlägt in der Seele an. Die Seele weiß von sich, was sie mit diesem Brot anfangen muss. Sie nimmt es auf, spürt das Geheimnis der Nähe Gottes,

stärkt sich, labt sich, kräftigt sich und freut sich. Lass es dir wohl sein, gute und verzagte Seele, jetzt ist Christus in dir.

Einladung zur Kommunion

Seht Christus, das Brot des Lebens, es ist uns geschenkt zu unserem Heil.

Herr, ich bin nicht würdig …

So spricht der Herr: Ich bin das lebendige Brot das vom Himmel herabgekommen ist.

Kommunionspendung

Vaterunser

Lasset uns beten zu Gott, unserem Vater, der uns ernährt, trägt und hält: Vater unser im Himmel …

Segensbitte

Gott, der Vater, umfange dich in Angst und Verzweiflung.
Christus, der Herr, führe dich von der Auflehnung in die Hingabe.
Gott, der Heilige Geist, bestärke dich in Gelassenheit und Zuversicht.
So segne dich der treue Gott: Vater, Sohn und Heiliger Geist.

Liedvorschlag

GL 472 »O Jesu, all mein Leben bist du«
GL 878 »Sei gegrüßt, du edle Speis« (Gemeinsamer Eigenteil für die Diözesen Freiburg und Rottenburg-Stuttgart)

ANTON SEEBERGER

Steh auf und iss, sonst ist der Weg zu weit für dich

Fronleichnam

Liturgische Eröffnung

Im Namen des Vaters …

Der Herr, der sich uns im Zeichen des Brotes schenkt, sei mit euch/dir.

Einführung

Wenn wir an Fronleichnam denken, dann kommen uns vor allem die farbenprächtigen Bilder in den Sinn, Blumenteppiche, Prozessionen, herrliche Altäre und der Leib des Herrn, das Allerheiligste in der Monstranz, das feierlich durch unsere Straßen getragen wird.

Dieses Fest will uns sagen, Gott geht alle unsere Wege mit, er stärkt uns mit seinem Wort und Sakrament, damit wir von Neuem unseren Weg gehen können.

Auch wenn Sie heute aufgrund Ihrer Krankheit/Ihres Alters diesen Weg nicht mitgehen können, so nehmen wir doch im Geiste daran teil und schöpfen daraus Kraft, Hoffnung und Zuversicht.

Kyrie-Rufe

Herr Jesus Christus, du hast gesagt, ich bin das Brot des Lebens.
Herr, erbarme dich.

Du hast dich in den Tod gegeben, damit wir das Leben haben.
Christus, erbarme dich.

Deinen Jüngern hast du den Auftrag gegeben: »Tut dies zu meinem Gedächtnis.«
Herr, erbarme dich.

Vergebungsbitte

Der allmächtige Gott erbarme sich unser. Er lasse uns die Sünden nach und führe uns zum ewigen Leben.

Gebet

Herr, unser Gott,
im heiligen Sakrament des Altares verehren wir deinen Sohn Jesus Christus. Wir tragen ihn durch unsere Straßen und wir tragen ihn in unseren Herzen.
Gib, dass wir gestärkt durch diese himmlische Speise voranschreiten auf dem Weg des Heiles, bis wir einmal vereint sein werden in Ewigkeit.
Darum bitten wir durch Christus, unseren Herrn.

Schrifttext

LESUNG AUS DEM BUCH DEUTERONOMIUM (DTN 8,2–3)

Du sollst an den ganzen Weg denken, den der Herr, dein Gott, dich während dieser vierzig Jahre in der Wüste geführt hat, um dich gefügig zu machen und dich zu prüfen. Er wollte erkennen, wie du dich entscheiden würdest: ob du auf seine Gebote achtest oder nicht.
Durch Hunger hat er dich gefügig gemacht und hat dich dann mit dem Manna gespeist, das du nicht kanntest und das auch deine Väter nicht kannten. Er wollte dich erkennen lassen, dass der Mensch nicht nur von Brot lebt, sondern dass der Mensch von allem lebt, was der Mund des Herrn spricht.

Deutung

Du sollst an den ganzen Weg denken, so lauten die ersten Worte der soeben gehörten Lesung. Das ist leichter gesagt als getan. Gerade, wenn man krank ist, alt oder gebrechlich.
Wenn die guten, unbeschwerten und glücklichen Tage schon lange zurückliegen, dann fällt das schwer.
Es fällt schwer, wenn man Schmerzen hat, auf fremde Hilfe oder sogar auf Medikamente und Maschinen angewiesen ist.
Trotzdem will dieser Text unseren Blick weiten, ihn auf die Zeiten lenken, die besser waren. Da ging es uns noch gut, da war Gott mit uns. Aber jetzt?
Damit wir nicht im augenblicklich erfahrenen gottverlassenen Zustand, im dunklen Tal stehen bleiben, sondern uns an seine Hilfe und Nähe von

früher erinnern, sollen wir an den ganzen Weg denken. Daraus sollen wir neue Kraft schöpfen, damit wir frisch gestärkt und neu aufgerichtet unseren Weg weitergehen können. Gott sagt uns zu: Ich bin bei dir!

Einladung zur Kommunion

Der Mensch lebt nicht vom Brot allein, sondern von jedem Wort, das aus Gottes Mund kommt. So beten wir:
Seht das Lamm Gottes …
Herr, ich bin nicht würdig …
Kommunionspendung

Vaterunser

Beten wir zu Gott, unserem Vater, der uns seinen Sohn im wunderbaren Sakrament des Brotes geschenkt hat:
Vater unser im Himmel …

Segensbitte

Herr Jesus Christus, durch die Teilnahme an der heiligen Eucharistie stillst du unseren Lebenshunger.
Lass uns, gestärkt durch diese Speise, an den ganzen Weg denken und begleite uns auch weiterhin mit deinem Segen.
So segne und behüte uns der barmherzige Gott, der Vater, der Sohn und der Heilige Geist.

Liedvorschlag

GL 547 »Das Heil der Welt«

JOSEF WIEDERSATZ

Bei der Gottesmutter Trost suchen

Marienfeste

. . . .

Liturgische Eröffnung

Im Namen des Vaters …
Der Herr, der die Jungfrau Maria zur Mutter des Gottessohnes erwählt hat, sei mit euch.

Einführung

Kranke Menschen bedürfen in besonderer Weise des Trostes. Es ist gut, die Nähe eines anderen Menschen zu spüren. Trost verändert die Lage. Die Stimmung hellt sich auf. Tränen trocknen.
Auch Gott tröstet uns. Er tut dies auf eine sehr menschliche Weise, indem er seinen Sohn in die Welt schickt. Jesus Christus ist der Trost der Menschheit; er rettet sie vor dem Verfall. Er wird geboren von Maria, einer menschlichen Mutter.
In dieser Stunde dürfen Sie die Frucht der Menschwerdung Gottes durch die Jungfrau Maria empfangen. Der Herr gibt sich uns zur Speise, erweist uns seine besondere Nähe.

Kyrie-Rufe

Herr Jesus Christus, du bist bei uns in guten und schlechten Tagen.
Herr, erbarme dich.

Du verwandelst unsere Trauer in Freude.
Christus, erbarme dich.

Du lässt uns dereinst teilnehmen an deinem himmlischen Gastmahl.
Herr, erbarme dich.

Vergebungsbitte

Der Gott allen Trostes erbarme sich unser. Er verzeihe uns unseren Kleinmut und führe uns hinaus ins Weite.

Gebet

Barmherziger Gott,
wenn wir krank werden, denken wir viel über den Sinn des Lebens nach. Warum lässt du zu, dass es Leiden, Hass und Verfolgung in der Welt gibt? In deiner grenzenlosen Weisheit hast du uns eine Antwort gegeben; nicht in schalen Worten, sondern in der Geburt deines Sohnes durch die Gottesmutter Maria. Sie hat ja gesagt zum Heilsplan Gottes. Aber du hast sie nicht geschont, als sie voller Schmerz unter dem Kreuz stand.
Herr, lass uns von Maria lernen, dass alles, was unter deinen Augen geschieht, zu unserem Heil ist.

Schrifttext

LESUNG AUS DEM BUCH JESAJA (JES 66,10–14a)
Freut euch mit Jerusalem! Jubelt in der Stadt, alle, die ihr sie liebt.
Seid fröhlich mit ihr, alle, die ihr über sie traurig wart.
Saugt euch satt an ihrer tröstenden Brust, trinkt und labt euch an ihrem mütterlichen Reichtum!
Denn so spricht der Herr: Seht her: Wie einen Strom leite ich den Frieden zu ihr und den Reichtum der Völker wie einen rauschenden Bach.
Ihre Kinder wird man auf den Armen tragen und auf den Knien schaukeln.
Wie eine Mutter ihren Sohn tröstet, so tröste ich euch; in Jerusalem findet ihr Trost.
Wenn ihr das seht, wird euer Herz sich freuen und ihr werdet aufblühen wie frisches Gras.

Deutung

Der Text aus dem Prophetenbuch Jesaja spiegelt die Situation nach der Rückkehr des Volkes Israel aus der babylonischen Gefangenschaft wider: Der Tempel ist zerstört. Nach vierzig Jahren Exil ist der Glaube an Gott, der das Volk Israel einst ins gelobte Land führte, erschüttert. Es braucht Zeit, bis wieder Freude und Zuversicht aufkeimen. Jerusalem wird mit einer Mutter verglichen, die ihre Kinder verloren hat. Doch

jetzt bringt sie wieder neue Kinder zur Welt. Jerusalem wird wieder aufgebaut, wird wieder zum Mittelpunkt.
Was im Alten Bund geschieht, wiederholt und vertieft sich im Neuen Bund. Statt einer symbolischen Frauengestalt steht jetzt eine Frau aus Fleisch und Blut im Brennpunkt des Handelns Gottes. Maria bringt Jesus Christus zur Welt und wird so zur Mutter der Kirche.

Einladung zur Kommunion

Die Menschwerdung Jesu bringt Hoffnung in die Welt.
Seht das Lamm Gottes …
Herr, ich bin nicht würdig …
Kommunionspendung

Vaterunser

Zu Gott, unserem Vater, der Maria erwählt hat, lasst uns beten:
Vater unser im Himmel …

Segensbitte

Wir wollen um den Segen Gottes bitten.
Reichlich komme er auf uns herab. Er sei uns Kraft und Zuversicht besonders an den Tagen, in denen wir schwach und verzweifelt sind.
Das Leben der Gottesmutter Maria sei uns Vorbild und Anlass, unser Tun und Lassen ganz an Gott auszurichten.
Darum bitten wir im Namen des Vaters und des Sohnes und des Heiligen Geistes.

Liedvorschlag

GL 588 »Sagt an, wer ist doch diese«

JOSEF SCHARL

Großes hat der Herr an mir getan
Marienfeste

. . . .

Liturgische Eröffnung
Im Namen des Vaters …
Der Herr, der die Hungernden mit seinen Gaben beschenkt, sei mit dir.

Einführung
Wir feiern heute das Fest (…) und schauen deshalb besonders auf Maria. Gott hat sie mit den Augen der Liebe angeschaut und sie damit groß gemacht. Maria traut Gottes Wort, denn sie hat am eigenen Leib erfahren, wie Gott die Niedrigen erhöht. Auch die schwersten Stunden ihres Lebens können diesen Glauben und dieses Vertrauen nicht erschüttern. Voll Zuversicht kann Maria ihr Loblied singen.

Kyrie-Rufe
Wie Maria möchten wir auf Gottes Wort vertrauen können.
Herr, erbarme dich.

Wir wünschen uns Gottes Nähe und Geborgenheit.
Christus, erbarme dich.

Es gibt Stunden, da fällt es uns schwer, zu glauben.
Herr, erbarme dich.

Vergebungsbitte
Es erbarme sich unser der lebendige Gott, er stärke unseren Glauben und schenke uns seinen Frieden.

Gebet
Gott,
wir schauen auf Maria. Sie hat dem Wort vertraut, das der Engel ihr gebracht hat.

Auf die Fürsprache der Gottesmutter festige unseren Glauben und das Vertrauen, dass du es gut mit uns meinst, und lass uns deine Nähe spüren.

Schrifttext

AUS DEM HEILIGEN EVANGELIUM NACH LUKAS (LK 1,46b–55)

Meine Seele preist die Größe des Herrn und mein Geist jubelt über Gott, meinen Retter.
Denn auf die Niedrigkeit seiner Magd hat er geschaut. Siehe, von nun an preisen mich selig alle Geschlechter.
Denn der Mächtige hat Großes an mir getan, und sein Name ist heilig.
Er erbarmt sich von Geschlecht zu Geschlecht über alle, die ihn fürchten.
Er vollbringt mit seinem Arm machtvolle Taten: Er zerstreut, die im Herzen voll Hochmut sind.
Er stürzt die Mächtigen vom Thron und erhöht die Niedrigen.
Die Hungernden beschenkt er mit seinen Gaben und lässt die Reichen leer ausgehen.
Er nimmt sich seines Knechtes Israel an und denkt an sein Erbarmen, das er unsern Vätern verheißen hat, Abraham und seinen Nachkommen auf ewig.

Deutung

Wenn Menschen sich vom Leben beschenkt fühlen, sind sie fröhlich und singen gern. Es fällt ihnen nicht schwer, zu loben und zu danken. Wir haben gerade das Magnificat gehört. Maria spricht dieses Lobgebet, als sie ihre Cousine Elisabet besucht. Es ist in einer Situation größter Not entstanden. Denn als junges, unverheiratetes Mädchen schwanger zu sein, ohne soziale Absicherung, das war auch in der damaligen Zeit nicht einfach. Was hat Maria diese Kraft und diese Leichtigkeit gegeben? Maria hat ein einziger Blick genügt. Gott hat sie mit den Augen der Liebe angeschaut und damit alles verändert. Maria spürt, dass Gott mit ihr ist auf ihrem Weg und ihr alles gibt, was sie braucht. So kann sie selbstbewusst ihr Loblied anstimmen. »Denn auf die Niedrigkeit seiner Magd hat er geschaut. Siehe, von nun preisen mich selig alle Geschlechter.«

Unzählige Menschen beten und singen bis heute dieses Lied und schöpfen daraus Kraft und Hoffnung für sich und andere. Es ist ein Lied für die Erniedrigten, für die Hungernden, für die Sehnsüchtigen, für die am Leben zerbrochenen. Es ist auch ein Lied für die Kranken. Sie, N. N., haben es in diesen Tagen nicht leicht. Sie gehören auch zu den »Erniedrigten«. Sie müssen liegen und alle, die kommen, schauen notgedrungen auf sie herab. Gott blickt uns auf Augenhöhe an. Bitten wir Gott darum, dass er Ihnen die Kraft gibt, die Sie jetzt brauchen, und lassen Sie sich von ihm aufrichten. Vielleicht können Sie dann wie Maria Ihr ganz eigenes, persönliches Loblied singen und Gott danken für das, was er an Ihnen getan hat.

Einladung zur Kommunion

Blicken wir auf zu Gott, der auch uns wieder aufrichten möchte:
Seht das Lamm Gottes …
Herr, ich bin nicht würdig …
Kommunionspendung

Vater unser

Zu Gott, unserem Vater, der Maria mit der Fülle seiner Gnade beschenkt hat, lasst uns beten:
Vater unser im Himmel …

Ave Maria

So wie der Bote Gottes zu Maria gesprochen hat, grüßen auch wir sie heute:
Gegrüßet seist du, Maria …

Segensbitte

Gott, wir haben in deinem Wort und im lebendigen Brot deine Gegenwart erfahren.
Stärke uns mit deiner Kraft, segne und begleite uns und schenke uns deinen Frieden.
Das gewähre uns der Vater, der Sohn und der Heilige Geist.

Liedvorschlag

GL 576 »Freu dich, du Himmelskönigin«

THERESIA SAUER-MOK

Leben in heilsamer Gemeinschaft
Allerheiligen

Liturgische Eröffnung
Im Namen des Vaters …
Christus, der uns in die Gemeinschaft mit ihm und allen, die an ihn glauben, gerufen hat, ist in unserer Mitte und schenkt uns seinen Frieden.

Einführung
Gemeinschaft zu erleben und sich mit Gleichgesinnten austauschen zu können lässt uns geborgen sein und Halt finden. Gerade in Zeiten der Krankheit sehnen wir uns nach Menschen, die etwas Zeit für uns haben, die zuhören und erzählen können, die uns das Gefühl geben, nicht vergessen zu sein. Heute (gestern, morgen …) feiern wir Allerheiligen. Ein Fest der Erinnerung an verstorbene Angehörige, Nachbarn, Freunde, Gemeindemitglieder.
Dem einen oder der anderen fühlen wir uns gerade in diesen Tagen besonders verbunden. Das kann tröstlich sein und wir leben dabei nicht nur in der Vergangenheit, denn unsere Verstorbenen sind auch uns verbunden.
Wir glauben an die Gemeinschaft der Heiligen, an die Gemeinschaft derer, die bei Gott sind, heißt es im Glaubensbekenntnis. Zu ihnen gehören auch wir durch unsere Taufe und unseren Glauben. Wir sind und bleiben eine Gemeinschaft auch über den Tod hinaus.
Bitten wir unseren Herrn, dass er uns seine Nähe und die Hilfe unserer Heiligen schenkt.

Kyrie-Rufe
Herr Jesus, du hast uns in deine Gemeinschaft berufen.
Herr, erbarme dich.

Du hast uns erlöst, Herr, du treuer Gott.
Christus, erbarme dich.

Herr Jesus, du schenkst uns ewiges Leben.
Herr, erbarme dich.

Vergebungsbitte

Der Herr erbarme sich unser. Er nehme sich unserer Schwachheit an und vergebe uns allen Kleinglauben und alle Schuld.

Gebet

Ewiger und barmherziger Gott,
du reichst uns immer wieder deine Hand und schenkst uns Zeichen deiner Nähe.
Wir danken dir für alle Menschen, die uns den Glauben und das Vertrauen auf dich weitergegeben haben. Lass auch uns am Ende unseres irdischen Weges in deine Seligkeit gelangen.
Darum bitten wir durch Christus, unseren Bruder und Herrn, der mit dir lebt und liebt in Ewigkeit.

Schrifttext

AUS DEM HEILIGEN EVANGELIUM NACH MATTHÄUS (MT 5,1–12a)
Als Jesus die vielen Menschen sah, stieg er auf einen Berg. Er setzte sich, und seine Jünger traten zu ihm.
Dann begann er zu reden und lehrte sie. Er sagte: Selig, die arm sind vor Gott; denn ihnen gehört das Himmelreich. Selig die Trauernden; denn sie werden getröstet werden. Selig, die keine Gewalt anwenden; denn sie werden das Land erben. Selig, die hungern und dürsten nach der Gerechtigkeit; denn sie werden satt werden. Selig die Barmherzigen; denn sie werden Erbarmen finden. Selig, die ein reines Herz haben; denn sie werden Gott schauen. Selig, die Frieden stiften; denn sie werden Söhne Gottes genannt werden. Selig, die um der Gerechtigkeit willen verfolgt werden; denn ihnen gehört das Himmelreich. Selig seid ihr, wenn ihr um meinetwillen beschimpft und verfolgt und auf alle mögliche Weise verleumdet werdet. Freut euch und jubelt: Euer Lohn im Himmel wird groß sein. Denn so wurden schon vor euch die Propheten verfolgt.

Deutung

In unserer Welt gelten weithin andere Regeln als die eben gehörten aus der Bergpredigt Jesu. Für Menschen, die nach Erfolg, nach Gewinn und Macht streben, mögen sie gar weltfremd und lächerlich erscheinen. Wer aber auf Hilfe angewiesen ist, weiß, wie kostbar Menschen sind, die nach diesen Worten Jesu leben. Menschen, die barmherzig, die friedfertig und aufrichtig sind. Menschen, die nicht nur an sich selbst denken, Menschen, die das Herz auf dem rechten Fleck haben.
Selig sind wir, wenn wir solchen Menschen begegnen. Und selig nennt Jesus sie selbst.
Wenn wir krank und behindert sind, sind wir aber nicht nur in der passiven, empfangenden Rolle; auch uns spricht Jesus zu: Selig seid ihr. Selig seid ihr, wenn ihr auf Gott vertraut und Erbarmen habt mit euch selbst und anderen. Selig seid ihr, wenn ihr euch Gott anvertraut und den anderen nicht gewalttätig und feindselig begegnet. Selig seid ihr auch dann, wenn man euch wegen eures Glaubens belächelt und nicht für voll nimmt. Die vielen bekannten und namenlosen Heiligen haben es gewagt, nicht nach eigener Façon selig zu werden, sondern nach den Worten Jesu. Ihr Vertrauen in Gott und ihr Leben hat sich ›bei Gott‹ gelohnt. Das feiert unsere Kirche im Fest Allerheiligen seit vielen hundert Jahren. Auch uns möchten die Heiligen ermutigen und helfen, im Denken, Reden und Handeln nach Jesu Façon selig zu sein und mit ihnen teilzuhaben am Himmelreich.

Einladung zur Kommunion

In der Kommunion haben wir teil am großen Gastmahl aller Heiligen im Himmel.
Wir sehen Jesus Christus im Zeichen des Brotes, bis auch wir ihn schauen von Angesicht zu Angesicht. So bitten wir:
Herr, ich bin nicht würdig …
Kommunionspendung

Vaterunser

Mein Reich ist nicht von dieser Welt, sagte Jesus vor Pilatus. Aber es beginnt schon hier auf dieser Welt, wo Menschen nach Jesu Worten leben. So beten und bitten wir mit den Worten, die uns Jesus gelehrt hat: Vater unser im Himmel …

Segen

Auf die Fürsprache aller Heiligen segne uns der barmherzige Gott.
Er bewahre uns in der Gemeinschaft aller, die uns vorausgegangen sind zu ihm. Er gebe uns in aller Angst seinen Trost und erfülle uns mit Glauben, Hoffnung und Liebe.
So segne uns Gott, unser Vater, der Sohn und der Heilige Geist.

Liedvorschlag

GL 608 »Ihr Freunde Gottes allzugleich«

MARGRET SCHÄFER-KREBS

Biografische Anlässe

»Seid getrost!«
Vor einer Operation

. . . .

Liturgische Eröffnung

Jesus Christus hat gesagt: »Wo zwei oder drei in meinem Namen zusammenkommen, da bin ich selbst in ihrer Mitte.« In diesem Bewusstsein beginnen wir im Namen des Vaters …

Einführung

Wer operiert werden muss, kennt das Chaos der Gefühle, die extrem schwanken können von der Hoffnung auf Genesung oder zumindest Linderung und der Furcht vor der Narkose oder Angst vor dem Operationsbefund. In solch einem Auf und Ab ist es hilfreich, auf den zu schauen, der uns Kraft und Trost über die medizinische Hilfe hinaus geben will: Jesus Christus.

Kyrie

Christus, dir sind unsere Ängste und Sorgen nicht gleichgültig.
Kyrie eleison.

Christus, durch dein Wort wird Unmögliches möglich.
Christe eleison.

Christus, im drohenden Untergang reichst du uns die Hand.
Kyrie eleison.

Vergebungsbitte

Christus, der die Schwachen stärkt, erbarme sich unser. Er lasse uns die Sünden nach und führe uns zum ewigen Leben.

Gebet

Gott, du kennst uns und weißt von unseren Gefühlen und Gedanken. In dieser Anspannung bekennen wir: Alle Kraft kommt von dir. Allein sind

wir zu ängstlich. So bitten wir um die Gaben des Heiligen Geistes: Trost und Zuversicht, Vertrauen und Stärkung.
Dafür, dass du an unserem Leben Anteil nimmst, sind wir dankbar und loben dich heute und alle Tage unseres Lebens.

Schrifttext

AUS DEM HEILIGEN EVANGELIUM NACH MATTHÄUS (MT 14,22–33)
Gleich darauf forderte er die Jünger auf, ins Boot zu steigen und an das andere Ufer vorauszufahren. Inzwischen wollte er die Leute nach Hause schicken. Nachdem er sie weggeschickt hatte, stieg er auf einen Berg, um in der Einsamkeit zu beten. Spät am Abend war er immer noch allein auf dem Berg. Das Boot aber war schon viele Stadien vom Land entfernt und wurde von den Wellen hin und her geworfen; denn sie hatten Gegenwind.
In der vierten Nachtwache kam Jesus zu ihnen; er ging auf dem See. Als ihn die Jünger über den See kommen sahen, erschraken sie, weil sie meinten, es sei ein Gespenst, und sie schrien vor Angst. Doch Jesus begann mit ihnen zu reden und sagte: Habt Vertrauen, ich bin es; fürchtet euch nicht! Darauf erwiderte ihm Petrus: Herr, wenn du es bist, so befiehl, dass ich auf dem Wasser zu dir komme. Jesus sagte: Komm! Da stieg Petrus aus dem Boot und ging über das Wasser auf Jesus zu. Als er aber sah, wie heftig der Wind war, bekam er Angst und begann unterzugehen. Er schrie: Herr, rette mich! Jesus streckte sofort die Hand aus, ergriff ihn und sagte zu ihm: Du Kleingläubiger, warum hast du gezweifelt? Und als sie ins Boot gestiegen waren, legte sich der Wind.
Die Jünger im Boot aber fielen vor Jesus nieder und sagten: Wahrhaftig, du bist Gottes Sohn.

Deutung

Während sich Jesus zum Beten in die Stille zurückzieht, sind die Jünger dem Sturm auf dem See ausgesetzt. Als Jesus sich ihnen nähert, erkennen sie ihn zunächst nicht. Erst als Jesus zu ihnen spricht, werden sie ruhiger. Petrus wagt sich im Blick auf Jesus Christus aus dem Boot auf das Wasser hinaus und macht die Erfahrung, dass sein Glaube trägt.

Scheinbar Unmögliches wird möglich. Die innere Ausrichtung auf Christus gibt Kraft in bedrohlichen Situationen. Als Petrus seine Angst erregende Umgebung wieder wahrnimmt, lässt das Vertrauen auf Christus nach. Das ist der beginnende Untergang. Jesus erhört seinen Hilferuf und streckt ihm sofort die Hand hin.
Diese Erzählung ermutigt, in den Stürmen unseres Lebens die Ausrichtung auf Christus beizubehalten bzw. zu suchen. Auch zu uns spricht Gottes Sohn: »Seid getrost, fürchtet euch nicht« und hält uns hilfsbereit seine Hand hin. In unsicheren Zeiten steht Christus uns bei.

Einladung zur Kommunion

Wenn wir uns auf Gott einlassen, erfahren wir Gottes Beistand und Nähe auf vielfältige Weise: durch Menschen, durch die Worte der Bibel und in diesem Stück Brot.
Jesus Christus spricht auch zu uns: »Habt Vertrauen, ich bin es. Fürchtet euch nicht!«
Herr, ich bin nicht würdig …
Kommunionspendung

Vaterunser

Gemeinsam sprechen wir das Gebet Jesu: Vater unser im Himmel …

Segen

Gott segne und bewahre dich vor dem Untergang.
Gott zeige sich dir und sei dir gnädig.
Gott wende dir sein Angesicht zu und schenke dir Frieden und Heil.
Das schenke dir und den Menschen, die dir am Herzen liegen, der mitfühlende Gott, der Vater und der Sohn und der Heilige Geist.

Liedvorschlag

GL 295 »Wer nur den lieben Gott lässt walten«

KIRSTIN GERMER

Er hat alles gut gemacht

Nach einer Operation

. . . .

Liturgische Eröffnung

Im Namen des Vaters …

Unser Herr Jesus Christus, der die Kranken heilt und die Gebeugten wieder aufrichtet, sei mit euch/dir.

Einführung

In manchen Kirchen, vor allem in Krankenhauskapellen, liegen Bücher aus, in die Menschen ihre Sorgen, Nöte, Bitten, aber auch ihren Dank hineinschreiben können.

Auch heute sind wir zusammengekommen, um Danke zu sagen: Danke für die gelungene Operation, für das Können der Ärzte und Pflegekräfte, Danke an Gott, der das alles mit seiner Hilfe begleitet hat.

Zu Jesus Christus, unserem Heiland und Retter, rufen wir:

Kyrie-Rufe

Herr Jesus Christus, du heilst die Menschen durch deine Nähe.
Kyrie eleison.

Durch Zeichen und Wunder verkündest du den Anbruch des Gottesreiches.
Christe eleison.

Herr Jesus Christus, du schenkst auch uns neues Leben.
Kyrie eleison.

Vergebungsbitte

Der allmächtige Gott erbarme sich unser, er richte uns wieder auf, damit wir mit frohem und dankbarem Herzen diese Feier begehen können.

Gebet

Herr unser Gott,
voll Freude kommen wir heute zu dir, um dir Danke zu sagen. Du hast alles gut gemacht. Mit deiner Hilfe ist alles gut geworden.
Darum wollen wir dich loben und preisen, durch deinen Sohn Jesus Christus und im Heiligen Geist, heute und alle Tage.

Schrifttext

AUS DEM HEILIGEN EVANGELIUM NACH MARKUS (MK 7,31–37)
Jesus verließ das Gebiet von Tyrus wieder und kam über Sidon an den See von Galiläa, mitten in das Gebiet der Dekapolis. Da brachte man einen Taubstummen zu Jesus und bat ihn, er möge ihn berühren. Er nahm ihn beiseite, von der Menge weg, legte ihm die Finger in die Ohren und berührte dann die Zunge des Mannes mit Speichel; danach blickte er zum Himmel auf, seufzte und sagte zu dem Taubstummen: Effata!, das heißt: Öffne dich!
Sogleich öffneten sich seine Ohren, seine Zunge wurde von ihrer Fessel befreit, und er konnte richtig reden. Jesus verbot ihnen, jemand davon zu erzählen. Doch je mehr er es ihnen verbot, desto mehr machten sie es bekannt. Außer sich vor Staunen sagten sie: Er hat alles gut gemacht; er macht, dass die Tauben hören und die Stummen sprechen.

Deutung

Wenn wir diese Heilungsgeschichte genauer anschauen, dann fallen uns dazu vielleicht Kindheitserinnerungen ein. Wie oft haben wir uns als kleine Kinder wehgetan, sind gefallen, haben uns gestoßen oder die Knie oder Ellbogen aufgeschürft. Heulend sind wir dann nach Hause gerannt zur Mutter. Sie hat uns in den Arm genommen, uns getröstet und mit einem Taschentuch und etwas Spucke die Schürfwunden gereinigt. Kindergartenkinder sagen Zauberspucke dazu. Und das hilft wirklich. Kleine, selbst erlebte Heilungsgeschichten sind das.
Zu unserer Heilungsgeschichte aus dem Evangelium gibt es da durchaus Parallelen. Auch Jesus hat den Taubstummen beiseite genommen, ihn berührt und mit seinem Speichel, seiner »Zauberspucke« behandelt.

Aber darüber hinaus hat er auch noch Gott ins Spiel gebracht, er hat zum Himmel aufgeblickt und ein Stoßgebet gesprochen. Daraufhin wurde der Mann von den Fesseln der Krankheit geheilt. Nach diesem Muster geschehen Heilungen auch heute noch.
Menschliche Zuwendung und Nähe, fachliches Können und die richtige Medizin, sowie das Vertrauen auf Gottes Hilfe sind notwendig, damit wir heil werden können.

Einladung zur Kommunion

Auch das Brot vom Himmel ist eine echte Medizin, die uns wieder aufrichten kann.
Seht das Lamm Gottes …
Herr, ich bin nicht würdig …
Kommunionspendung

Vaterunser

Wir sind verbunden mit all den Menschen, die neue Kraft und Heilung erbitten, wenn sie beten:
Vater unser im Himmel …

Segensbitte

Herr Jesus Christus, durch deine Zuwendung und Fürsprache beim Vater sind die Menschen heil geworden. Auch wir haben Grund zu danken und bitten dich: Bleibe bei uns und segne uns.
So segne uns der menschenfreundliche Gott, der Vater, der Sohn und der Heilige Geist.

Liedvorschlag

GL 106 »Kündet allen in der Not« (besonders Strophe 4)

JOSEF WIEDERSATZ

Mit dem Herrn gekreuzigt
In Angst und Verzweiflung

Liturgische Eröffnung
Im Namen des Vaters und des Sohnes und des Heiligen Geistes beginnen wir diese Feier der heiligen Krankenkommunion.

Hinführung
Ihre Erkrankung nimmt Ihnen alle Kraft und Hoffnung. Sie sehen kein Licht mehr in der Nacht Ihres Leids. Sie fühlen sich gottverlassen. Jesus war auch zu Tode betrübt. Im Garten Gethsemani wurde er von einem Engel gestärkt. So möchte Sie Jesus Christus im Sakrament stärken.
Er lädt Sie ein zum Schuldbekenntnis, damit Sie ihm Ihre Last anvertrauen und abgeben können, was Ihnen das Leben schwer macht.

Kyrie-Rufe
Jesus Christus, ich bin betrübt bis in den Tod. Ich kann deine Nähe nicht mehr spüren. Wo bist Du? – Du bist der Immanuel, der Gott-mit-uns:
Herr, erbarme dich.

Meine Krankheit raubt mir jeden Lebensmut. Ich weiß nicht mehr aus noch ein. Warum schweigst du? – Du bist das Wort von Anfang an:
Christus, erbarme dich.

Ich habe Angst. Angst vor dem Sterben. Was erwartet mich? – Du bist für uns durch den Tod vorausgegangen hinein in den Tag, dessen Licht keinen Abend kennt:
Herr, erbarme dich.

Vergebungsbitte
Der Gott, der freiwillig vor dir gelitten hat, er ist voll Erbarmen für die Sünder und voller Liebe für die Gerechten, seine Güte reicht so weit die Wolken ziehen und seine Treue geht vom Aufgang bis zum Untergang:

Er kennt all deinen Kleinmut, er versteht deine Angst und verzeiht dir deine Sünden, er vergibt dir deine Schuld und führt dich ins ewige Leben.

Gebet

Jesus Christus,
dein Wort ist uns Wegweisung auf diesem Kreuzweg, der so schmerzhaft ist.
Ermutige uns mit deinem Wort, damit wir den Weg verstehen lernen, auf dem du uns durch dieses Leiden führst.

Schrifttext

LESUNG AUS DEM BUCH DER PSALMEN (PS 22,1–12)

Mein Gott, mein Gott, warum hast du mich verlassen, bist fern meinem Schreien, den Worten meiner Klage?
Mein Gott, ich rufe bei Tag, doch du gibst keine Antwort; ich rufe bei Nacht und finde doch keine Ruhe.
Aber du bist heilig, du thronst über dem Lobpreis Israels.
Dir haben unsere Väter vertraut, sie haben vertraut und du hast sie gerettet.
Zu dir riefen sie und wurden befreit, dir vertrauten sie und wurden nicht zuschanden.
Ich aber bin ein Wurm und kein Mensch, der Leute Spott, vom Volk verachtet.
Alle, die mich sehen, verlachen mich, verziehen die Lippen, schütteln den Kopf:
»Er wälze die Last auf den Herrn, der soll ihn befreien! Der reiße ihn heraus, wenn er an ihm Gefallen hat.«
Du bist es, der mich aus dem Schoß meiner Mutter zog, mich barg an der Brust der Mutter.
Von Geburt an bin ich geworfen auf dich, vom Mutterleib an bist du mein Gott.
Sei mir nicht fern, denn die Not ist nahe und niemand ist da, der hilft.

Deutung

»Mein Gott, mein Gott, warum hast du mich verlassen?« – Diese Worte Jesu am Kreuz sprechen Ihnen aus dem Herzen. Das Beten fällt Ihnen schwer. Ihr Blick auf Gott verdunkelt sich vor lauter Elend. Die Menschen, die es gut meinen mit Ihnen, können Sie gar nicht mehr spüren in Ihrer Todesangst. Sie fühlen sich von der Welt und von Gott verlassen. Wie Jesus. Sie sind jetzt mit ihm am Kreuz. Sie sind dem gekreuzigten Herrn so nah – näher geht es nicht.

Ist denn noch irgendwo Tag? Wo ist sein Licht in der Nacht? Ist denn niemand mehr da? Doch: Jesus Christus. Er hängt mit Ihnen an Ihrem Kreuz zwischen Himmel und Erde, in Ihrer Verzweiflung, in Ihrer Gottverlassenheit. Ihre Not schreit er mit Ihnen hinaus. Sie haben das Ziel gefunden: den Herrn am Kreuz. Er ist vorangegangen. Er nimmt Sie mit in seine Erlösung.

Einladung zur Kommunion

So sieh das Lamm Gottes. Es nimmt hinweg die Sünden der Welt.
Herr, ich bin nicht würdig …
Kommunionspendung

Vaterunser

Legen wir all unsere Anliegen dem in die Arme, der seine Arme am Kreuz für uns ausgebreitet hat, um all unsere Not in Segen zu wandeln.
Vater unser im Himmel …

Segen

Der Herr segne und behüte dich: Er bleibe bei dir in deiner Angst. Er rette dich in deinem Vertrauen. So segne dich der leidende, der gekreuzigte und der dreieine Gott: der Vater, der Sohn und der Heilige Geist.

Liedvorschlag

GL 163 »Aus tiefer Not schrei ich zu dir«

GEORG HUMMLER

Bei mir darfst du aufatmen!
Zur Ermutigung

. . . .

Liturgische Eröffnung
Im Namen des dreifaltigen Gottes, des Vaters, des Sohnes und des Heiligen Geistes, feiern wir die Begegnung mit dem eucharistischen Herrn.

Einführung
Es ist wohltuend für uns, wenn wir eingeladen werden. Jesus, der Herr, lädt uns heute ein mit den Worten: »Kommt alle zu mir, die ihr euch plagt und schwere Lasten zu tragen habt.« Er kommt uns entgegen mit seiner ganzen Liebe. Er lässt uns aufatmen und ermutigt uns. Gemeinsam mit ihm wird unser Joch, die »Last« leichter. Er kommt mit seinem Erbarmen auf uns zu.

Kyrie-Rufe
Jesus Christus, du lädst uns ein, mit unseren Lasten zu dir zu kommen.
Herr, erbarme dich.

Du trägst mit uns die Lasten des Lebens.
Christus, erbarme dich.

Du lässt uns bei dir Ruhe finden.
Herr, erbarme dich.

Vergebungsbitte
Der allmächtige Gott, der Vater unseres Herrn Jesus Christus, nehme von uns die Last unserer Schuld. Er führe uns in der Kraft seines Geistes auf den Weg zum Leben.

Gebet

Allerbarmender Gott,
du selbst hast uns eingeladen zu deinem Mahl und gibst dich uns zur Speise. Du willst, dass wir zu dir kommen mit all unserer Not. Du schenkst uns Leben. Bei dir finden wir Ruhe und Geborgenheit.
Stärke und nähre uns mit dem Brot, das unseren Hunger nach Leben stillen kann.
Darum bitten wir durch Christus, unseren Herrn.

Schrifttext

AUS DEM HEILIGEN EVANGELIUM NACH MATTHÄUS (MT 11,28–30)

Kommt alle zu mir, die ihr euch plagt und schwere Lasten zu tragen habt. Ich werde euch Ruhe verschaffen. Nehmt mein Joch auf euch und lernt von mir; denn ich bin gütig und von Herzen demütig; so werdet ihr Ruhe finden für eure Seele. Denn mein Joch drückt nicht und meine Last ist leicht.

Deutung

Jesu Einladung ist unmissverständlich: Kommt alle, ihr Mühseligen und von schwerer Last Geplagten. Jesus schließt niemanden aus, alle sind angesprochen. Jesus weiß um die Nöte und die Mühsal der Menschen. Er weiß um die Belastungen, die den Menschen quälen, er weiß um die Zwänge, die wir uns vielleicht manchmal selbst auferlegen, die uns nicht zur Ruhe kommen lassen. Doch Jesus sagt nicht: Ich nehme alle Lasten von euch ab, sondern, wenn ihr mein Joch auf euch nehmt, dann ist die Last leichter zu bewältigen. Es gibt einen schönen Spruch: Gott nimmt nicht die Last von uns, aber er stärkt uns die Schultern. So heißt die Zusage Jesu: Wenn ihr meinem Beispiel folgt, wenn ihr von mir lernt, wenn ihr mit mir Gemeinschaft habt, dann ist die Last nicht mehr so schwer, dann habt ihr Kraft, das Leben zu meistern. Sein Versprechen, seine Einladung ist groß: Mit all meinen Sorgen, mit all meinen Lasten, darf ich zu ihm kommen, weil ich ihm wertvoll bin. Wenn wir uns auf ihn einlassen, werden wir bei ihm Ruhe finden und dann unsere Lasten leichter tragen können.

Einladung zur Kommunion

Seht das Lamm Gottes, das hinwegnimmt die Sünde der Welt.
Herr, ich bin nicht würdig …
Jesus spricht: Kommt alle zu mir, denn ich bin gütig und von Herzen demütig; so werdet ihr Ruhe finden für eure Seele.
Kommunionspendung

Vaterunser

Jesus selbst lehrt uns, wie wir zu Gott und mit Gott sprechen und beten sollen:
Vater unser im Himmel …

Segensbitte

Mit seiner ganzen Liebe und Freundlichkeit segne uns der gütige Gott, der Vater und der Sohn und der Heilige Geist.

Liedvorschlag

GL 549 »O Herz des Königs aller Welt«

GUDRUN HÄRLE

Auferstanden von den Toten

Dank für Genesung

. . . .

Liturgische Eröffnung

Im Namen des Vaters und des Sohnes und des Heiligen Geistes beginnen wir diese Feier der heiligen Krankenkommunion.

Einführung

Sie haben Ihre Krankheit überstanden. Sie sind überglücklich. Woran Sie in schlaflosen Nächten verzweifelt sind, Ihre Sorgen, sind verflogen. Sie fühlen sich beschenkt mit einem neuen Leben. Sie haben die Hölle der Angst kennen gelernt, die Hilflosigkeit und Ohnmacht. Und mittendrin ging einer mit, der Sie sicher geführt und getragen hat. Dem möchten Sie nun danken und ihm in Ihr Herz einladen: im Sakrament.

Kyrie-Rufe

Jesus Christus, ich fühle mich wie neugeboren. Doch das war eine schwere Geburt. Mein Glaube hing oft nur an einem dünnen Faden. Warum ist er nicht gerissen? – Du bist uns Heil und Leben:
Herr, erbarme dich.

Ich bin so erleichtert: Vieles haben meine Angehörigen in den vergangenen Wochen für mich getragen. Kann ich dazu stehen, dass ich, bedürftig und krank, mehr genommen habe, als ich geben konnte? – Du hast dir dein Kreuz von Simon von Zyrene tragen lassen:
Christus, erbarme dich.

Mein Herz quillt über vor Freude. Ich bin so froh, wieder gesund zu sein. Werde ich künftig achtsam mit meiner Gesundheit umgehen? – Du hast mich aus der Tiefe gezogen:
Herr, erbarme dich.

Vergebungsbitte

Der Gott, der freiwillig mit dir gelitten hat, um dich zur Auferstehung zu führen, er ist voll Erbarmen für die Sünder und voller Liebe für die Gerechten, seine Güte reicht so weit die Wolken ziehen und seine Treue geht vom Aufgang bis zum Untergang: Er kennt all deinen Kleinmut, er versteht deine Angst und verzeiht dir deine Sünden. Er vergibt dir deine Schuld und führt dich ins ewige Leben.

Gebet

Jesus Christus,
dein Wort ist uns Wegweisung auf dem Weg der Nachfolge, die alle ins Licht führt.
Erleuchte uns mit deinem Wort, damit wir achtsam den Weg gehen, auf dem du uns durch unser Leben leitest.

Schrifttext

LESUNG AUS DEM BUCH DER PSALMEN (PS 30,1–6)

Ich will dich rühmen, Herr, denn du hast mich aus der Tiefe gezogen und lässt meine Feinde nicht über mich triumphieren.
Herr, mein Gott, ich habe zu dir geschrien und du hast mich geheilt.
Herr, du hast mich herausgeholt aus dem Reich des Todes, aus der Schar der Todgeweihten mich zum Leben gerufen.
Singt und spielt dem Herrn, ihr seine Frommen, preist seinen heiligen Namen!
Denn sein Zorn dauert nur einen Augenblick, doch seine Güte ein Leben lang.
Wenn man am Abend auch weint, am Morgen herrscht wieder Jubel.

Deutung

»Am Morgen herrscht wieder Jubel.« Das ist doch eine schöne Beschreibung für das, was Ihr Herz heute empfindet. Sie erinnern sich an die Nacht der Krankheit, den tiefen Abgrund der Angst. In Ihrer Ohnmacht haben Sie zu Ihrem Gott um Hilfe geschrien. Es gab Tage, da sahen Sie sich hier im Krankenhaus in einer Schar Todgeweihter. Manchmal nag-

ten Zweifel an Ihrem Herzen: »Was habe ich nur falsch gemacht? Warum trifft mich diese Strafe?« Als Sie nicht schlafen konnten, haben Sie geweint.
Sie sind mit Christus hinuntergefahren in die Hölle. Sie waren nahe dem Reich des Todes. Und heute feiern Sie mit Christus Ihre Auferstehung. »Ich will dich rühmen, Herr, denn du hast mich aus der Tiefe gezogen.«

Einladung zur Kommunion
So sieh das Lamm Gottes. Es nimmt hinweg die Sünden der Welt.
Herr, ich bin nicht würdig …
So höre das Wort, das dich würdig macht und gesund: Empfange, was du bist, und werde, was du empfängst: Leib Christi.
Kommunionspendung

Vaterunser
Jetzt legen wir unsere Anliegen dem in die Arme, der seine Arme am Kreuz für uns ausgebreitet hat, um alle Not in Segen zu verwandeln. Dazu hat er uns sein Gebet aufgegeben:
Vater unser im Himmel …

Segensbitte
Der Herr segne und behüte dich: Er achte auf dich in deiner Freude. Er geleite dich auf sicherer Bahn.
So segne dich der unbegreifliche, der auferstandene und der dreieine Gott: der Vater, der Sohn und der Heilige Geist.

Liedvorschlag
GL 220 »Das ist der Tag, den Gott gemacht«

GEORG HUMMLER

Herzlichen Glückwunsch

Bei einem festlichen Ereignis

. . . .

Liturgische Eröffnung

Im Namen des Vaters …

Unser Herr Jesus Christus, der das Leben in Fülle schenkt, er sei mit euch.

Einführung

Liebe/r N.N. Sie feiern heute Ihren ganz persönlichen Feiertag (…). Dieses Fest feiern Sie zusammen mit den Menschen, die Ihnen lieb und wichtig sind. Lassen Sie sich von der Lebensfreude der Hochzeitsgäste in Kana anstecken und genießen Sie Ihren besonderen Tag. Danken wir Gott für all das Gute, das er in unser Leben gebracht hat.

Kyrie-Ruf

Jesus Christus, du bist die Quelle des Lebens.
Herr, erbarme dich.

Du schenkst uns das Leben in Fülle.
Christus, erbarme dich.

Du bist der Grund unserer Freude.
Herr, erbarme dich.

Vergebungsbitte

Der lebendige Gott erbarme sich unser, er schenke uns seine unerschöpfliche Liebe und führe uns zu einem Leben in Fülle.

Gebet

Guter Gott,
wir danken dir für dieses Fest, das wir heute feiern dürfen.
Schenke uns Freude und gutes Gelingen und lass diesen Tag unvergesslich werden.

Darum bitten wir durch Christus, unsern Herrn.

Schrifttext

AUS DEM HEILIGEN EVANGELIUM NACH JOHANNES (JOH 2,1–12)

Am dritten Tag fand in Kana in Galiläa eine Hochzeit statt und die Mutter Jesu war dabei. Auch Jesus und seine Jünger waren zur Hochzeit eingeladen. Als der Wein ausging, sagte die Mutter Jesu zu ihm: Sie haben keinen Wein mehr. Jesus erwiderte ihr: Was willst du von mir, Frau? Meine Stunde ist noch nicht gekommen. Seine Mutter sagte zu den Dienern: Was er euch sagt, das tut! Es standen dort sechs steinerne Wasserkrüge, wie es der Reinigungsvorschrift der Juden entsprach; jeder fasste ungefähr hundert Liter. Jesus sagte zu den Dienern: Füllt die Krüge mit Wasser! Und sie füllten sie bis zum Rand. Er sagte zu ihnen: Schöpft jetzt und bringt es dem, der für das Festmahl verantwortlich ist. Sie brachten es ihm. Er kostete das Wasser, das zu Wein geworden war. Er wusste nicht, woher der Wein kam; die Diener aber, die das Wasser geschöpft hatten, wussten es. Da ließ er den Bräutigam rufen und sagte zu ihm: Jeder setzt zuerst den guten Wein vor und erst, wenn die Gäste zuviel getrunken haben, den weniger guten. Du jedoch hast den guten Wein bis jetzt zurückgehalten. So tat Jesus sein erstes Zeichen, in Kana in Galiläa, und offenbarte seine Herrlichkeit und seine Jünger glaubten an ihn.

Deutung

Hochzeiten, die ich selbst miterlebt habe, waren häufig sehr schöne und fröhliche Feste, meist im kleineren Kreis. An der Eingangstür zum Festsaal hing manchmal ein Schild: »Heute geschlossene Gesellschaft«.
Eine jüdische Hochzeit zur Zeit Jesu dagegen war ein riesiges Fest, das mehrere Tage dauerte und mit großem Aufwand gefeiert wurde. Essen und Trinken gab es reichlich, denn das ganze Dorf war eingeladen. So können wir uns auch die Hochzeit zu Kana vorstellen, von der im Johannesevangelium erzählt wird. Und einer der vielen Gäste war Jesus. Ob er mitgelacht und getanzt hat, davon wird nichts erzählt. Aber er war dabei, mitten drin in der Freude der Brautleute und der anderen Gäste.

Ich kann mir nicht vorstellen, dass Jesus davon nicht angesteckt wurde. In dieser Erzählung können wir einen fröhlichen, feiernden Jesus entdecken, der auch gutes Essen und guten Wein genießen konnte.
Lassen Sie sich von dieser Lebensfreude in Kana anstecken, spüren Sie diesen Tag bewusst und genießen Sie all die kleinen Freuden, die der Alltag Ihnen schenkt.
In Kana gab es Wein im Überfluss. Wein ist Zeichen dafür, dass uns Jesus das Leben in Fülle schenkt. Er ist Zeichen für die unerschöpfliche Liebe Gottes. Und das ist Grund zur Freude.

Einladung zur Kommunion

Christus lädt uns ein zum Mahl des Lebens:
Seht das Lamm Gottes …
Herr, ich bin nicht würdig …
Kommunionausteilung

Vaterunser

Lasst uns beten zu Gott, der Freude in unser Leben bringen will:
Vater unser im Himmel …

Segensbitte

Guter Gott, du hast uns dieses wunderbare Mahl bereitet. Gestärkt gehen wir an diesem Festtag unseren Weg, begleitet von den Menschen, die uns nahe stehen, und begleitet von deiner unerschöpflichen Liebe. Wir bitten dich nun um deinen Segen:
Es segne und behüte uns und all die Menschen, die uns im Herzen nahe sind, an die wir denken und für die wir beten, der Vater, der Sohn und der Heilige Geist.

Liedvorschlag

GL 258,1–2.5 »Lobe den Herren«

THERESIA SAUER-MOK

Anhang

Gebete

. . . .

Meine Knie beuge ich vor Gott

Meine Knie beuge ich vor Gott,
meinem Schöpfer.
Ich beuge sie vor dem Sohn,
der mich erlöst hat.
Ich beuge sie vor dem Heiligen Geist,
der mich läutert in Liebe und Freundlichkeit.

Verleihe mir, Herr,
deine Gnadenfülle in meiner Armut.
Gib mir deine Weisheit,
deine Güte, dein Lächeln.
Lass mich auf Erden deinen Willen tun,
deinen Heiligen gleich im Himmel:
im Schatten und Licht,
bei Tag und bei Nacht,
am Anfang und am Ende.

IRISCHES GEBET

Ich brauche nichts zu fürchten

Herr, ich brauche nichts zu fürchten,
keine Gefahr, denn du bist mein Schild,
keinen Verlust, denn alles gehört dir,
kein Leiden, denn du hilfst mir, es zu überwinden,
keine Enttäuschung, denn du hältst Besseres für mich bereit,
keinen Feind, denn auch er wird von dir geliebt,
keine Schwierigkeiten, denn du hilfst mir, mich ihnen zu stellen.

GEBETE VON POMEYROL

Gott allein genügt

Nichts soll dich ängstigen,
nichts dich erschrecken.
Wer Gott hat,
dem fehlt nichts.
Gott allein genügt.

Nichts soll dich ängstigen,
nichts dich erschrecken.
Alles vergeht:
Gott, er bleibt derselbe.
Geduld erreicht alles.
Wer Gott besitzt,
dem kann nichts fehlen.
Gott allein genügt.

TERESA VON AVILA

Vor der Kommunion

Gott, wir brechen das Brot füreinander – und wir empfangen den Leib Jesu Christi, deines Sohnes. – Wir bitten dich, lass uns aus seiner Kraft in Liebe und Frieden leben; – dann wird er selbst unter uns sein, – dann werden wir sein Leib – in dieser Welt bis in Ewigkeit. Amen.

GL 375/4

Nach der Kommunion

Wir danken dir, Vater, für das Leben und die Erkenntnis, die du uns kundgetan durch Jesus, deinen Sohn. Wie dies Brot, das wir gegessen haben, in den Körnern zerstreut war über die Hügel und nun zu einem geworden ist, so werde von den Enden der Erde deine Kirche vereint in deinem Reich. Du hast alles geschaffen und gibst Speise und Trank, den Menschen zur Erquickung. Uns aber hast du geistliche Speise gegeben und ewiges Leben durch Jesus, deinen Sohn. Gedenke, Herr, deiner Kirche. Entreiße sie dem bösen und vollende sie in deiner Liebe. Bringe sie

heim von allen vier Winden in dein Reich. – Denn dein ist das Reich und die Kraft und die Herrlichkeit in Ewigkeit. Amen.
ZWÖLFAPOSTELLEHRE, 2. JAHRHUNDERT, GL 373/5

Dankgebet

Wir preisen dich, unsichtbarer Vater, du Spender ewigen Lebens. Du bist der Urquell jeder Gnade und jeder Wahrheit. Du liebst die Menschen und bist der Freund der Armen. Durch die Einkehr deines geliebten Sohnes bei uns lässt du dich mit allen versöhnen und ziehst alle an dich.
Mache aus uns lebendige Menschen. Gib uns den Geist des Lichtes, dass wir dich und Jesus Christus, den du gesandt hast, erkennen. Gib uns den Heiligen Geist, damit wir deine unergründlichen Geheimnisse künden und erklären können. Aus uns möge reden Jesus, der Herr, und der Heilige Geist. Durch uns soll er dich lobpreisen. Denn du bist erhaben über jede Macht und Gewalt und Kraft und Herrschaft.
SERAPION, GL 373/6

Psalmen

. . . .

Psalm 4

Wenn ich rufe, erhöre mich,
Gott, du mein Retter!
Du hast mir Raum geschaffen, als mir angst war.
Sei mir gnädig, und hör auf mein Flehen!
Ihr Mächtigen, wie lange noch schmäht ihr meine Ehre,
warum liebt ihr den Schein und sinnt auf Lügen?
Erkennt doch: Wunderbar handelt der Herr an den Frommen;
der Herr erhört mich, wenn ich zu ihm rufe.
Ereifert ihr euch, so sündigt nicht!
Bedenkt es auf eurem Lager, und werdet still!
Bringt rechte Opfer dar,
und vertraut auf den Herrn!
Viele sagen: »Wer lässt uns Gutes erleben?«
Herr, lass dein Angesicht über uns leuchten!
Du legst mir größere Freude ins Herz,
als andere haben bei Korn und Wein in Fülle.
In Frieden leg ich mich nieder und schlafe ein;
denn du allein, Herr, lässt mich sorglos ruhen.

Psalm 6

Herr, strafe mich nicht in deinem Zorn,
und züchtige mich nicht in deinem Grimm!
Sei mir gnädig, Herr, ich sieche dahin;
heile mich, Herr, denn meine Glieder zerfallen!
Meine Seele ist tief verstört.
Du aber, Herr, wie lange säumst du noch?
Herr, wende dich mir zu und errette mich,
in deiner Huld bring mir Hilfe!
Denn bei den Toten denkt niemand mehr an dich.

Wer wird dich in der Unterwelt noch preisen?
Ich bin erschöpft vom Seufzen, jede Nacht benetzen Ströme von Tränen mein Bett,
ich überschwemme mein Lager mit Tränen.
Mein Auge ist getrübt vor Kummer,
ich bin gealtert wegen all meiner Gegner.
Weicht zurück von mir, all ihr Frevler;
denn der Herr hat mein lautes Weinen gehört.
Gehört hat der Herr mein Flehen,
der Herr nimmt mein Beten an.
In Schmach und Verstörung geraten all meine Feinde,
sie müssen weichen und gehen plötzlich zugrunde.

Psalm 13

Wie lange noch, Herr, vergisst du mich ganz?
Wie lange noch verbirgst du dein Gesicht vor mir?
Wie lange noch muss ich Schmerzen ertragen in meiner Seele,
in meinem Herzen Kummer Tag für Tag?
Wie lange noch darf mein Feind über mich triumphieren?
Blick doch her, erhöre mich, Herr, mein Gott,
erleuchte meine Augen, damit ich nicht entschlafe und sterbe,
damit mein Feind nicht sagen kann: »Ich habe ihn überwältigt«,
damit meine Gegner nicht jubeln, weil ich ihnen erlegen bin.
Ich aber baue auf deine Huld,
mein Herz soll über deine Hilfe frohlocken.
Singen will ich dem Herrn,
weil er mir Gutes getan hat.

Psalm 23

Der Herr ist mein Hirte,
nichts wird mir fehlen.
Er lässt mich lagern auf grünen Auen
und führt mich zum Ruheplatz am Wasser.
Er stillt mein Verlangen;

er leitet mich auf rechten Pfaden, treu seinem Namen.
Muss ich auch wandern in finsterer Schlucht,
ich fürchte kein Unheil;
denn du bist bei mir,
dein Stock und dein Stab geben mir Zuversicht.
Du deckst mir den Tisch
vor den Augen meiner Feinde.
Du salbst mein Haupt mit Öl,
du füllst mir reichlich den Becher.
Lauter Güte und Huld werden mir folgen mein Leben lang,
und im Haus des Herrn darf ich wohnen für lange Zeit.

Psalm 27

Der Herr ist mein Licht und mein Heil:
Vor wem sollte ich mich fürchten?
Der Herr ist die Kraft meines Lebens:
Vor wem sollte mir bangen?
Dringen Frevler auf mich ein,
um mich zu verschlingen,
meine Bedränger und Feinde,
sie müssen straucheln und fallen.
Mag ein Heer mich belagern:
Mein Herz wird nicht verzagen.
Mag Krieg gegen mich toben:
Ich bleibe dennoch voll Zuversicht.
Nur eines erbitte ich vom Herrn,
danach verlangt mich:
Im Haus des Herrn zu wohnen
alle Tage meines Lebens,
die Freundlichkeit des Herrn zu schauen
und nachzusinnen in seinem Tempel.
Denn er birgt mich in seinem Haus
am Tag des Unheils;
er beschirmt mich im Schutz seines Zeltes,

er hebt mich auf einen Felsen empor.
Nun kann ich mein Haupt erheben
über die Feinde, die mich umringen.
Ich will Opfer darbringen in seinem Zelt, Opfer mit Jubel;
dem Herrn will ich singen und spielen.
Vernimm, o Herr, mein lautes Rufen;
sei mir gnädig, und erhöre mich!
Mein Herz denkt an dein Wort: »Sucht mein Angesicht!«
Dein Angesicht, Herr, will ich suchen.
Verbirg nicht dein Gesicht vor mir;
weise deinen Knecht im Zorn nicht ab!
Du wurdest meine Hilfe.
Verstoß mich nicht, verlass mich nicht,
du Gott meines Heiles!
Wenn mich auch Vater und Mutter verlassen,
der Herr nimmt mich auf.
Zeige mir, Herr, deinen Weg,
leite mich auf ebener Bahn trotz meiner Feinde!
Gib mich nicht meinen gierigen Gegnern preis;
denn falsche Zeugen stehen gegen mich auf und wüten.
Ich aber bin gewiss, zu schauen
die Güte des Herrn im Land der Lebenden.
Hoffe auf den Herrn, und sei stark!
Hab festen Mut, und hoffe auf den Herrn!

Psalm 67

Gott sei uns gnädig und segne uns.
Er lasse über uns sein Angesicht leuchten,
damit auf Erden sein Weg erkannt wird
und unter allen Völkern sein Heil.
Die Völker sollen dir danken, o Gott,
danken sollen dir die Völker alle.
Die Nationen sollen sich freuen und jubeln.
Denn du richtest den Erdkreis gerecht.

Du richtest die Völker nach Recht
und regierst die Nationen auf Erden.
Die Völker sollen dir danken, o Gott,
danken sollen dir die Völker alle.
Das Land gab seinen Ertrag.
Es segne uns Gott, unser Gott.
Es segne uns Gott.
Alle Welt fürchte und ehre ihn.

Psalm 121

Ich hebe meine Augen auf zu den Bergen:
Woher kommt mir Hilfe?
Meine Hilfe kommt vom Herrn,
der Himmel und Erde gemacht hat.
Er lässt deinen Fuß nicht wanken;
er, der dich behütet, schläft nicht.
Nein, der Hüter Israels schläft und schlummert nicht.
Der Herr ist dein Hüter, der Herr gibt dir Schatten;
er steht dir zur Seite.
Bei Tag wird dir die Sonne nicht schaden
noch der Mond in der Nacht.
Der Herr behüte dich vor allem Bösen,
er behüte dein Leben.
Der Herr behüte dich, wenn du fortgehst und wiederkommst,
von nun an bis in Ewigkeit.

Psalm 126

Als der Herr das Los der Gefangenschaft Zions wendete,
da waren wir alle wie Träumende.
Da war unser Mund voll Lachen
und unsere Zunge voll Jubel.
Da sagte man unter den andern Völkern:
»Der Herr hat an ihnen Großes getan.«
Ja, Großes hat der Herr an uns getan.

Da waren wir fröhlich.
Wende doch, Herr, unser Geschick,
wie du versiegte Bäche wieder füllst im Südland.
Die mit Tränen säen,
werden mit Jubel ernten.
Sie gehen hin unter Tränen
und tragen den Samen zur Aussaat.
Sie kommen wieder mit Jubel
und bringen ihre Garben ein.

Psalm 130

Aus der Tiefe rufe ich, Herr, zu dir:
Herr, höre meine Stimme!
Wende dein Ohr mir zu,
achte auf mein lautes Flehen!
Würdest du, Herr, unsere Sünden beachten,
Herr, wer könnte bestehen?
Doch bei dir ist Vergebung,
damit man in Ehrfurcht dir dient.
Ich hoffe auf den Herrn, es hofft meine Seele,
ich warte voll Vertrauen auf sein Wort.
Meine Seele wartet auf den Herrn
mehr als die Wächter auf den Morgen.
Mehr als die Wächter auf den Morgen
soll Israel harren auf den Herrn.
Denn beim Herrn ist die Huld,
bei ihm ist Erlösung in Fülle.
Ja, er wird Israel erlösen
von all seinen Sünden.

Meditation zur Pfingstsequenz

. . . .

Gottes Geist will in uns wohnen, er will uns leiten und in uns wirken.
Er schenkt Liebe und Freude, Friede und Langmut, Freundlichkeit, Güte und Treue, Sanftmut und Selbstbeherrschung (Gal 5,22–23a).
Ihn rufen wir an:

Komm herab, o Heilger Geist, der die finstre Nacht zerreißt,
strahle Licht in diese Welt.
Heiliger Geist, gib uns deine Liebe,
wenn wir leiden,
wenn Angst uns aggressiv macht,
wenn uns Gleichgültigkeit beschleicht.

Komm, der alle Armen liebt, komm der gute Gaben gibt,
komm, der jedes Herz erhellt.
Heiliger Geist, gib uns deine Freude
in stillen Stunden,
in guten Begegnungen,
wenn uns Traurigkeit überkommt.

Höchster Tröster in der Zeit, Gast, der Herz und Sinn erfreut,
köstlich Labsal in der Not.
Heiliger Geist, gib uns deinen Frieden
durch ein offenes Herz,
durch barmherziges Denken und Reden,
und hilf uns zu vergeben.

In der Unrast schenkst du Ruh, hauchst in Hitze Kühlung zu,
spendest Trost in Leid und Tod.
Heiliger Geist, gib uns Langmut,
wenn wir mit uns selbst und den anderen ungeduldig werden,

wenn uns Sorgen und Unsicherheit zermürben,
wenn uns das Leben langweilig und fade wird.

Komm, o du glückselig Licht, fülle Herz und Angesicht,
dring bis auf der Seele Grund.
Heiliger Geist, gib uns Freundlichkeit
durch gegenseitige Achtung,
durch ein gutes Wort,
durch sorgsamen Umgang miteinander.

Ohne dein lebendig Wehn kann im Menschen nichts bestehn,
kann nichts Heil sein noch gesund.
Heiliger Geist, gib uns deine Güte,
indem wir einander ernst nehmen,
einander Gutes tun und
nach deinem Willen heil werden an Seele und Leib.

Was befleckt ist wasche rein, Dürrem gieße Leben ein,
heile du, wo Krankheit quält.
Heiliger Geist, gib uns Treue
im redlichen Umgang miteinander,
bewahre uns die Ehrfurcht voreinander,
lass uns nicht verzweifeln.

Wärme du, was kalt und hart, löse, was in sich erstarrt,
lenke, was den Weg verfehlt.
Heiliger Geist, gib uns Sanftmut
durch ein weises Herz,
inneren Frieden,
Demut und Gelassenheit.

Gib dem Volk das dir vertraut, das auf deine Hilfe baut,
deine Gaben zum Geleit.
Heiliger Geist, gib uns Selbstbeherrschung

durch inneren Halt,
durch Geborgenheit in dir,
durch Liebe zu dir.

Lass uns in der Zeit bestehn, deines Heils Vollendung sehn
und der Freuden Ewigkeit.
Amen. Halleluja.

MARGRET SCHÄFER-KREBS

Verzeichnis der Bibelstellen

Autorinnen und Autoren

. . . .

PIUS ANGSTENBERGER, Pfarrer, Aalen

JOHANNES GANS, Pfarrer, Klinikseelsorger, Dienheim

KIRSTIN GERMER, Pastoralreferentin im Krankenhaus, Dinslaken

GUDRUN HÄRLE, Franziskanerin, Krankenhausseelsorgerin, Ravensburg

UDO HERMANN, Krankenhauspfarrer, Ravensburg

GEORG HUMMLER, Krankenhausseelsorger, Stuttgart

BEATE JAMMER, Pastoralreferentin, Albershausen

THERESIA SAUER-MOK, Krankenhausseelsorgerin, Stuttgart

MARGRET SCHÄFER-KREBS, Pastoralreferentin, Fachreferat für Liturgie im Bischöflichen Ordinariat, Rottenburg

CHARLOTTE SCHULZ, Krankenhausseelsorgerin, Donauwörth

FRANK SCHÜSSLEDER, Krankenhausseelsorger, Münster/Westfalen

JOSEF SCHARL, Krankenhausseelsorger, Stuttgart

ANTON SEEBERGER, Pfarrer, Stuttgart

JOSEF WIEDERSATZ, Krankenhauspfarrer, Stuttgart

Verfasser des einführenden Beitrags »Kunst der Begegnung und lebendigen Gegenwart« ist Dr. Dr. theol. *Michael Gmelch*, Pastoraltheologe, Psychologischer Berater, Priester der Diözese Eichstätt, elf Jahre Klinikpfarrer am Klinikum der Stadt Nürnberg; derzeit Pfarrer der Deutschsprachigen Katholischen Gemeinde in Indien.